Heidelore Rutz

Klopfzeichen

Mein Weg in die Freiheit:

vom DDR-Ausreiseantrag zum Häftlingsfreikauf

Allitera Verlag

Weitere Informationen über den Verlag und sein Programm unter:
www.allitera.de

Mai 2015
Allitera Verlag
Ein Verlag der Buch&media GmbH, München
© 2015 Heidelore Rutz
© Buch&media GmbH, München
Lektorat: Stephan Krawczyk
Printed in Germany · ISBN 978-3-86906-753-7

Inhalt

Für Berthold und Wulli

Geleitwort

Das vorliegende Buch war nicht leicht zur Welt zu bringen. Jahrzehnte hat die Autorin damit gerungen. Endlich hat sie sich den Stein von der Seele gewälzt, der ihr von den Dienern einer Diktatur aufgebürdet worden war. Sie hat sich der heilsamen Gabe des Erzählens bemächtigt und teilt uns mit, was uns unter Umständen droht, wenn wir uns nicht an die Regeln halten, und seien diese noch so widersinnig. Heidelore Rutz ist es gelungen, die Zeit in ihrem Buch einzufangen, nicht nur die Schilderung der Verhältnisse dieser Zeit, sondern die Zeit an sich, das was bleibt vom Gefängnis, die weggenommene Zeit, die Ewigkeit eines Jahres. Die ist so deutlich zu spüren, dass man eine Ahnung davon bekommt, wie tief sich ein solches Schicksal in die Seele gräbt. Sich der Dinge vorbehaltlos und ohne Scheu zu erinnern, seien sie noch so abscheulich, und sich zu Wort zu melden, ist mutig. Jetzt ist dir leichter ums Herz, Heidelore. Ich freue mich mit dir!

Stephan Krawczyk   Berlin, 18. Februar 2015

Vorwort und Danksagung

Schon in den ersten Tagen, als ich in der Lindenstraße inhaftiert war, wusste ich, dass ich ein Büchlein schreiben würde, das »Klopfzeichen« heißen sollte. Allen, mit denen ich im Laufe der Zeit zusammenkam, beteuerte ich, dass das, was wir hier erlebten, nicht vergessen werden dürfe und ich darüber berichten würde.

Einige Wochen nach der Haftentlassung besprach ich ein Tonband mit meinen Erlebnissen und ergänzte dieses im Laufe der Jahre durch Notizen. Bei Interviews und nach Theateraufführungen (»Staats-Sicherheiten«) wurde ich häufig nach unseren Erlebnissen gefragt. So begann ich, meine Aufzeichnungen zu sortieren und in Buchform zu bringen. Es waren inzwischen 25 Jahre vergangen und ich merkte, wie viel ich vergessen hatte. Nun war ich glücklich über meine frühen Notizen.

Meine Söhne bestärkten mich in meinem Vorhaben, ein Buch über die für mich so schwere Zeit zu schreiben. Ihnen sei an dieser Stelle nochmals ganz lieb gedankt, besonders Berthold, der sich mit nimmermüder Geduld meiner Computerschwierigkeiten annahm und Korrekturen las. Wulli korrigierte und verbesserte meinen Text und gab mir immer wieder hilfreiche Hinweise. Stephan Krawczyk gilt mein Dank für das Lektorat, das er mit viel Sachverstand und Einfühlungsvermögen durchführte. Petra Hirschfelder übernahm die umfangreiche sprachliche Korrektur. Nicht zuletzt möchte ich meinem Mann danken, der mich in dieser Zeit ertrug, denn ich durchlebte die Haftzeit quasi noch einmal und dementsprechend war meine Stimmung manchmal getrübt. Außerdem war er mir immer ein aufmerksamer Zuhörer und Kritiker. Danken möchte ich auch Kerstin Lorenz, die mich an ihren Doktorvater Dr. Ernst Piper vermittelte und so die Verbindung zum Allitera Verlag erst ermöglichte. Alexander Strathern und Ernst Piper danke ich für die Aufnahme in das Verlagsprogramm sowie in die Reihe »Beiträge zur Geschichtswissenschaft«, Dietlind Pedarnig für die redaktionelle Betreuung.

Heidelore Rutz   Potsdam, im Frühjahr 2015

Verhaftung

Der Tag unserer Verhaftung

Seit Tagen herrschte große Hitze. Wie lange saßen wir nun schon in diesem Transporter, einem Barkas, in dem es unerträglich heiß und stickig war? Mir wurde langsam immer klarer, dass ich eine Gefangene war, eine politische Gefangene. Wir fuhren einem ungewissen Ziel entgegen.

Gestern, am 30. Juli 1983, waren mein Mann, unsere zwei Kinder, unser ungarisches Gastkind und ich zum zweiten Mal nach Jena gefahren. Zusammen mit anderen, die einen Ausreiseantrag gestellt hatten, wollten wir unseren Willen zur Ausreise öffentlich kundtun.

Am vergangenen Samstag hatten wir auch schon auf dem Platz der Kosmonauten gestanden, gemeinsam mit 198 Personen. Wir wussten damals noch nicht, wie weit der Weg nach Jena für viele von ihnen war. Auch wir hatten einen weiten Weg auf uns genommen. Alles war sehr aufregend, aber wir hatten keine Angst. Ein Tierarztehepaar war mit seiner Tochter und deren Freund da. Die beiden waren später, nach der Verhaftung, mit uns in diesem Barkas. Ich erkannte ihre Stimmen, als sie einsteigen mussten. Monate später begegnete ich der Tochter Susanne im Frauenzuchthaus Hoheneck.

Letzten Samstag war noch alles glattgegangen. Nachdem wir ein paar Minuten schweigend im Kreis gestanden hatten, kam die Polizei und forderte uns auf, den Platz zu verlassen. Am Rand des Platzes standen Leute, die uns fotografierten, vermutlich Stasimitarbeiter. Das war uns ganz recht, denn es ging uns ja darum zu zeigen, dass wir die DDR verlassen wollten. Wir folgten der Aufforderung der Polizei, kamen aber doch noch mit einigen Leuten ins Gespräch und erfuhren, vor wie langer Zeit manche schon ihre Ausreise beantragt hatten. Wir tauschten Adressen aus und informierten uns, dass dieses Treffen jeden Samstag stattfände, und wir hörten und sahen, dass alle weiß gekleidet waren.

So hatte es ja mein Mann auch von einem Arztkollegen erfahren. Bei einem Besuch der Ständigen Vertretung der Bundesrepublik in Ostberlin hatte dieser ein großes Bild vom »Weißen Kreis« in Jena auf der ersten Seite der »Süddeutschen Zeitung« gesehen. Die Teilnehmer standen alle schweigend auf dem Platz der Kosmonauten, ohne Plakate, ohne sich an den Händen zu fassen, damit ja nicht der Eindruck einer Demonstration entstünde. Dieser Kollege, Joachim R., hatte selbst auch einen Ausreiseantrag gestellt. Er tauchte später als Inoffizieller Mitarbeiter (IM) in Stasiakten von Bekannten auf. Er hatte meinen Mann um ein Treffen gebeten, am besten irgendwo im Wald, um nicht bespitzelt zu werden. Davor hatten wir Angst. Die beiden trafen sich also und machten einen langen Spaziergang. Das, was der Kollege berichtete, schien uns der richtige Weg zu sein. Mein Mann kannte Joachim R. vom Krankenhaus und aus Erzählungen eines guten Freundes. Wir vertrauten ihm.

Unseren Ausreiseantrag hatten wir gestellt, nachdem ich 1982 von einer Besuchsreise in die Bundesrepublik zurückgekommen war. Ich war bei der Beerdigung meiner älteren Schwester gewesen. Der erste Antrag und auch ein zweiter Versuch, die Ausreise zu beantragen, waren abgelehnt worden. Jetzt wollten wir zeigen, dass wir die DDR unbedingt verlassen wollten. Nachdem wir den ersten Antrag gestellt hatten, war mein Mann vom Oberarzt zum Assistenzarzt degradiert worden. Auch in der medizinischen Fachschule durfte er nicht mehr unterrichten. Damit hatten wir gerechnet. Dass aber unser ältester Sohn an einer Segelregatta nicht teilnehmen durfte, fanden wir furchtbar für ihn. Sippenhaft war aber leider üblich in solchen Fällen.

Einiges war an diesem zweiten Samstag passiert, das uns hätte warnen sollen. Hätten wir nur auf unser Herz gehört!

Unser ungarischer Gastjunge Zoltan war mit uns nach Jena gefahren. Er wollte bei uns ein paar Wochen Urlaub machen und Deutsch lernen. Einige Tage zuvor waren wir in einer Waldhütte im Böhmerwald gewesen. Schon auf der Rückfahrt aus der Tschechoslowakei hatten sich alle drei Kinder übergeben. Sie hatten im Böhmerwald in einem offenbar verseuchten Fluß gebadet.

Es war in der DDR sehr schwierig einen Urlaubsplatz zu bekommen. Und so nutzten wir die Möglichkeit, von tschechischen Freunden eine Waldhütte zu mieten. Am Ende des einwöchigen Urlaubs wollte mein Mann kein zweites Mal nach Jena fahren. Doch als wir abends Plauen erreichten, bekamen wir, für DDR-Verhältnisse völlig untypisch, drei Zimmer in einem Hotel. Eine Reisegruppe hatte abgesagt. Auch in dieser Nacht erbrach sich unser ältester Sohn und den beiden anderen Kindern ging es nicht gut. Trotzdem wollten unser Großer und ich uns nicht davon abbringen lassen, in Jena auf den Platz der Kosmonauten zu gehen. Wir bestürmten meinen Mann, da wir nun schon hier seien, müssten wir unbedingt zu dem Treffen gehen. Erst wollte er auf keinen Fall, doch wir konnten ihn umstimmen.

Schon nach der Autobahnabfahrt in Jena-Lobeda gab es eine Polizeikontrolle. Die Straße nach Jena war verstopft. Die Volkspolizisten wollten genau wissen, wohin unsere Fahrt gehen sollte. Da wir Zoltan mit dem ungarischen Pass bei uns hatten und angaben, zum Grab meiner Schwiegereltern nach Bad Kösen zu wollen, ließ man uns passieren.

Die Glocken fingen um neun an zu läuten, als wir das Jenaer Zentrum fast erreicht hatten. Das war das Zeichen für die Ausreisewilligen, sich auf dem Platz zu versammeln. Wir parkten direkt am Platz der Kosmonauten. Zoltan war ein Autofan. Er wollte unbedingt im Auto bleiben, nicht ahnend, dass er viele Stunden auf uns würde warten müssen.

Ich war von unserer Familie als Erste auf dem Platz. Ein junger Mann in brauner Strickjacke versuchte, mich zurückzudrängen. Ich herrschte ihn an, dass er nicht wagen solle, mich anzufassen. So kam ich ungehindert bis zur Mitte des Platzes. Mein Mann stand mit den Kindern auf der anderen Seite des Kreises, der aus etwa 40 bis 50 Menschen bestand. Mehr waren es diesmal nicht. Viele hatten es nicht bis dorthin geschafft. Sie waren vorher abgefangen worden. Neben mir stand ein großer, gepflegter Mann mit sehr kurzen Haaren und hellblauem Rollkragenpullover. Er umspannte meine Hand wie ein Schraubstock. Ich dachte, er sei so aufgeregt oder habe Angst, und ich sagte, dass wir uns nicht anfassten, sondern nur schweigend dastünden. Er reagierte gar nicht darauf. Erst später wurde mir klar, dass es Stasileute waren, die uns festhielten. Meine Hand tat noch Wochen später weh. Selbst das Protokoll meiner Aussagen unterschrieb ich mit Schmerzen.

Nach wenigen Minuten liefen von allen Seiten »unauffällige« Männer auf den Platz, drängten uns zusammen und ein Bus kam auf den Platz gefahren. Ich dachte, ein solches Modell hätte ich noch nie gesehen. Ich hielt meine beiden Kinder an mich gepresst. Unser Ältester war 13 Jahre und der Kleine neun. Als man mich unsanft anpackte, sagte ich in scharfem Ton: »Wagen Sie nicht, mich anzufassen!« Und so konnten wir unversehrt den Bus besteigen. Eine andere Frau war in den Bus hineingestoßen worden. Sie hatte später einen großen Bluterguss am Oberschenkel. Wir wurden in eine Turnhalle gebracht, die von Unkraut umgeben war und zu unserem Schrecken Gitter vor den Fenstern hatte. Dort setzten wir uns auf die Turnbänke und mussten nacheinander unsere Personalausweise abgeben. Ständig kreisten unsere Gedanken und Gespräche um die Frage, wie lange das Ganze wohl dauern würde. Die Kinder bekamen zuerst Durst, dann Hunger, denn wir waren sehr früh in Plauen losgefahren. Doch das Schlimmste:

Zoltan saß noch im Auto auf dem Parkplatz. Wir hatten ihm bedeutet, dass wir in zehn Minuten zurück seien. Das sagte ich mehrmals dem Wachpersonal, aber man nahm keine Notiz davon.

Nach Stunden wurde ich dann endlich zum Parkplatz gefahren, der wohl nur um die Ecke gewesen sein konnte. Was Zoltan gedacht, was er für Ängste gehabt hatte, konnte er mir nicht sagen. Er sprach ja kein Wort Deutsch. Nun hatten wir »unsere« drei Kinder wieder zusammen. Um ihnen die Zeit zu vertreiben, machten wir Spiele, die wir immer spielten, wenn wir irgendwo viel Zeit hatten. Zwischendurch ging ich zu den uns Bewachenden und sagte, die Kinder müssten unbedingt etwas essen und trinken, weil wir schon sehr lange unterwegs seien.

»Dafür können wir ja nichts. Das ist doch Ihre Sache, wenn Sie sich da hinstellen. Sie können uns Ihre Kinder ja auch mitgeben, dann werden sie versorgt, bekommen etwas zu essen und können auch spielen.«

»Unsere Kinder bleiben bei uns. Und wir wollen jetzt hier schnellstens raus«, antwortete ich zornig. Unter allen Umständen wollte ich unsere Kinder bei mir behalten.

Eine junge Frau, mit einem gestrickten Tuch um die Schultern, gab unseren Kindern ein paar Röstbiskuits, wofür ich ihr sehr dankbar war. Die anwesenden Männer meinten, dass man uns nicht lange festhalten dürfe, höchstens 24 Stunden. Aber keiner hatte jemals eine ähnliche Situation erlebt. Irgendwann hörten wir einen Lkw vorfahren. Ungefähr 30 Uniformierte, heute weiß ich, es waren Bereitschaftspolizisten, kamen in die Turnhalle und stellten sich um uns auf. Sie waren sehr jung, und diese Situation schien ihnen sehr unangenehm zu sein. Ihre Blicke waren unsicher. Einige sahen zu Boden. Von jetzt an durften wir nicht mehr alleine zur Toilette gehen.

Wir wurden in Busse verfrachtet und zu einer Polizeidienststelle gefahren, saßen dort Stunden und versuchten, uns gegenseitig Mut zu machen. Mehrmals ging die Tür auf. Leute kamen herein, die uns erzählten, sie hätten nur auf dem kleinen Markt, dem Gemüsemarkt von Jena, gestanden, um zu gucken, was da vor sich ging. Manche waren von zuhause abgeholt worden. Doch alle hatten einen Ausreiseantrag gestellt. Sie waren offensichtlich schon über längere Zeit beobachtet und jetzt festgenommen worden.

Ich sagte wieder und wieder, dass die Kinder durstig und hungrig seien. Irgendwann am Nachmittag wurde etwas gebracht, Tee, Bockwurst und Brot. Plötzlich bemerkte ich, dass der Warteraum leerer geworden war. Wir wurden zu sogenannten Befragungen geholt. Einige kamen nicht wieder. Ich ging immer mit unseren Kindern zusammen zu diesen Befragungen, die inzwischen eindeutig zu Verhören geworden waren. Am späten Nachmittag musste ich mit den Dreien wieder über den Flur. Mein Mann kam mir entgegen. Ich erzählte ihm hastig, dass sie mir die Kinder wegnehmen wollten.

Er erwiderte: »Bleibe hart und sage, dass du nichts getan hast! Und dass kein Grund vorliegt, dich hierzubehalten!«

Doch ich ahnte, wie es enden würde, und spürte Verzweiflung in mir aufsteigen. Wir durften nicht länger miteinander sprechen und wurden schnell weitergeführt.

Unser jüngster Sohn kam weinend von der Toilette. Er hatte aus dem Toilettenfenster gesehen, wie sein Papi in einen LKW steigen musste. Da brach für mich eine Welt zusammen, aber für die Kinder wollte ich stark sein und weinte nicht. Die Toilettentür durften wir nun auch nicht mehr schließen. Einige Männer wollten das testen, aber es war tatsächlich so. Es setzte sich sogar eine dicke Polizistin mit einem Hocker davor. Bald gab es auch kein Toilettenpapier mehr, und der Fußboden schwamm. Im Laufe des Nachmittags wurde ich mehrere Male aufgefordert, unsere Kinder abzugeben, weil sie draußen besser spielen könnten. Das kam aber für mich überhaupt nicht infrage. Spät am Abend wurde ich in einen kleineren Raum gerufen. Die dicke Polizistin saß darin. Sie sprach kein Wort mit mir. Ich fragte, was man mit uns vorhätte. Keine Antwort. Ich hatte alle drei Kinder eng bei mir in den Armen.

Nach einer Stunde musste ich mit den Kindern wieder in einen anderen Raum. An einem langen Tisch saßen Männer, auf dem Tisch standen Platten mit herrlichen Wurst- und Käsebroten. Wir wurden aufgefordert zuzugreifen, doch wir kriegten keinen Bissen herunter. Der eine Mann wurde mir als Herr Hill aus dem Hilde-Coppi-Heim Brandenburg vorgestellt, der andere als Herr Sell vom Rat des Kreises Brandenburg. Sie waren gekommen, um unsere Kinder nach Brandenburg zu holen. Ich hatte schon gehört, dass Kinder in der DDR zwangsadoptiert würden, und bekam große Angst. Deswegen hatte alles so lange gedauert und deswegen hatte man uns alleine in einen Raum gesperrt. Weil die beiden Männer erst aus Brandenburg kommen mussten!

Ich schrie: »Sie glauben doch nicht etwa, dass ich Ihnen die Kinder gebe!«

Man herrschte mich an, ich solle vernünftig sein. Sie wollten eine Adresse haben, wo die Kinder hingebracht werden könnten. Mich müssten sie noch weiter befragen. Ich nannte die Adresse unserer Freunde in Brandenburg, die unseren Wohnungsschlüssel hatten, und die auch wussten, dass wir im Urlaub waren.

»Da steh'n Se denn ja nächste Woche wieder auf dem Platz«, sagte einer der Beamten.

Auf meinen Einwurf, dass unsere Freunde nie einen Ausreiseantrag stellen würden, weil sie durch und durch Märker seien, hatte er nur ein müdes Lächeln. Ich gab ihm dann noch eine weitere Adresse von anderen Freunden, von meiner Schwester aus Greifswald und unserem Schwager, der SED-Mitglied war.

Unserem ältesten Sohn steckte ich einen Zettel zu. »Tut alles für die Kinder und auch für uns, was nötig ist.« Ich hoffte so sehr, dass unsere Freunde in Brandenburg diesen Zettel zu lesen bekämen.

Der Abschied war furchtbar. Unser jüngster Sohn klammerte sich an mich und schrie. Unser Ältester biss die Zähne aufeinander, zitterte und sagte: »Mami, die lassen dich bestimmt bald raus, und dann kommst du gleich nach Brandenburg.«

»Sie werden uns bestimmt nicht verhaften«, sagte ich noch zu ihm. Dass wir das schon waren, war mir zu dem Zeitpunkt noch gar nicht klar. Dann wurden mir die Kinder weggerissen.

Man brachte mich in den großen Raum zurück. Dort saßen nur noch Frauen. Die Männer waren inzwischen alle weggeholt worden. Man befahl uns mitzukommen, um Luftmatratzen und karierte Bettwäsche in Empfang zu nehmen. Ich wollte schlafen, das wäre mein einziger Fluchtweg gewesen, aber die Verhöre gingen immer weiter. Ich hatte wahnsinnig starke Gallenbeschwerden. Als ich das dem Vernehmer sagte, ging er darüber hinweg und erwiderte, dass ich wohl müde sei, und dass es auch nicht mehr lange dauern würde.

Irgendwann in dieser Nacht kam eine Frau herein. Die Haftrichterin! Sie kam in Begleitung einer Frau in Uniform, sagte mir, dass ich verhaftet sei und legte den Haftbefehl vor. Ich war geschockt. Als ich ihn unterschrieben hatte, musste ich alle Dinge abgeben, die ich bei mir hatte oder an mir trug. Meine weinrote Handtasche mit Papieren, Portemonnaie, Taschentuch, Tosca-Parfüm, Nivea-Creme, Deostift. Meine Armbanduhr musste ich abgeben, meine Kette, und sogar meinen Ehering. Ich trug einen Rock aus dem Westen, mit langen Bändern als Schmuck. Er war etwas ganz Besonderes für mich. Sie wollten eine Schere holen, um die Bänder abzuschneiden, aber ich schimpfte, dass ich mich hier nicht aufhängen, sondern nach wie vor in den Westen wollte. Sie schnitten die Bänder nicht ab. Die Bänder von meinen hochhackigen Sandalen zogen sie heraus.

Hauptabteilung/Bezirksverwaltung ___Potsdam___

Brandenburg___, den ___08.08.83___

Haftbeschluß

Der/Die

Name ___Rutz___   Vorname ___Heidelore___

Geburtstag und -ort ___09.06.1945 in Lebbin___

Berufliche Tätigkeit ___Hausfrau___   Familienstand ___verheiratet___

Wohnungsanschrift ___1800 Brandenburg, Am Rosenhag 02___

ist aus den unten angeführten Gründen in Haft zu nehmen.

Gründe der Inhaftierung ___Die Rutz ist dringend verdächtig, am 30.07.83___
(einschließlich gesetzliche Bestimmungen, rechtliche Einschätzung, Beweise, Voraussetzung für U-Haft gem. StPO)

___in Jena in provokativ-demonstrativer Weise öffentlich eine___

___Mißachtung der Gesetze der Deutschen Demokratischen Republik___

___bekundet zu haben,___

___strafbar gemäß § 214 (1) StGB.___

Der Mitarbeiter ___Allrich, Oberleutnant___
Unterschrift

Der Leiter der Abteilung / Kreisdienststelle ___Fubel, Oberstleutnant___
Unterschrift

Bestätigt ___11.08.83___
Datum   Unterschrift

Festgenommen am ___30.07.83___

Festgenommen von ___BV Gera, KD Jena___
Diensteinheit

Von anderen Organen übergeben _____
VP – NVA – befreundete Länder usw.

Bisher erfaßt im Vorgang _____
Registriernummer

Form 561

Haftbeschluss vom 8. August 1983

Ohne Schnürsenkel schlurfte ich in den großen Raum zurück. Mitten in der Nacht, zwischen zwei Verhören, wurde ich von einem Mann, der sich mir schon bei den Befragungen am Nachmittag als Jurist vorgestellt hatte, aufgefordert, ihm zu folgen. Er nahm meine Luftmatratze und das Bettzeug und führte mich in einen anderen Raum. So viele Räume kannte ich schon in diesem Gebäude. Ich schien nun in einem Büro zu sein, bat darum, das Licht auszuschalten, es ging mir gesundheitlich miserabel. Eine Frau kam schimpfend herein: Das Revier müsse gereinigt und das Licht dürfe schon gar nicht ausgeschaltet werden! Ich litt, konnte nicht mehr sitzen, legte mich auf zwei Stühle und schlief trotz der Schimpfenden sofort ein.

Ich weiß nicht, wie lange ich geschlafen hatte. Als ich aufwachte, stand eine andere Frau vor mir. Sie stellte sich als Notärztin vor. Ich muss wohl erbärmlich ausgesehen haben. Zuerst fragte ich sie, ob sie etwas über den Verbleib meines Mannes gehört habe. Sie antwortete recht offen: Ihr Mann, der auch Arzt sei, habe die festgenommenen Männer untersucht. Meinem Mann ginge es den Umständen entsprechend gut. Sie wollte von mir wissen, ob ich mich transportfähig fühle und gab mir eine Tablette. Ich bekam auch ein Stück Brot, um das ich gebeten hatte, und wickelte es in ein Formular.

Barkas

Ich wurde auf den Hof geführt. Schon morgens war er sonnenüberflutet und heiß. Es musste ungefähr zehn Uhr sein. Ich sollte in einen Barkas steigen, das ist eine Art Lieferwagen, doch ich entgegnete der Polizistin, das könne sie nicht mit mir machen. Nachts sei sogar die Notärztin bei mir gewesen.

»Aber Sie haben doch gesagt, dass Sie transportfähig sind.«

»Ja, aber doch nicht mit einem Lieferwagen.«

»Geh'n Se da rein«, sagte sie herrisch.

Das Lieferauto hatte an der Seite eine große Tür, die offenstand. Neben dem Einstieg war eine kleine Bank, auf die ich mich setzte. Die Polizistin ging noch mal kurz weg. Vor Erschöpfung wollte ich die Augen schließen, sah aber die Frau mit dem bunten Tuch, die unseren Kindern einen Biskuit geschenkt hatte. Mit Handschellen musste sie in einen Lkw steigen. Ich war froh, ungefesselt zu sein.

»Sie müssen jetzt hier rein, es geht nicht anders«, sagte die Polizistin. Ich trat durch eine kleine Gittertür, dahinter war ein schmaler Gang mit zwei kleinen Türen rechts und links. Durch eine der linken Türen musste ich in einen besenschrankähnlichen Käfig. Ich dachte mich trifft der Schlag. Sofort fing ich an mit meinen Fingern zu messen. Zweieinhalb Fingerspannen vor mir, dreieinhalb Fingerspannen neben mir, und hinter mir war ein kleines Brett, auf das ich mich setzte. Meine Knie stießen vorne an eine Sperrholzwand. Die Polizistin wollte die Tür zumachen, aber ich schrie: »Das können Sie doch nicht machen! Sie kriegen mich nicht lebend dahin, wo Sie mich hinhaben wollen!«

»Bis die anderen kommen«, sagte sie.

Und da hörte ich auch schon die Stimme meines Mannes: »Was, hier soll ich rein?«

Ich rief: »Dietrich!«

»Heidelore!«, rief er zurück. »Wenn sie uns zusammen transportieren, wird ja vielleicht doch noch alles gut.«

»Die Kinder kommen zu Bs!« (Unsere Freunde in Brandenburg)

»Nicht sprechen«, schnauzte eine Stimme.

Die anderen Türen fielen zu, meine wurde wieder aufgemacht. Es war schrecklich heiß. Jemand schrie: »Wir kriegen keine Luft!« Der Barkas rumpelte durch holprige Straßen. Ich wurde hin und her geworfen. Die Hitze machte mir zu schaffen, die stickige Luft. Dann bogen wir wohl auf eine Autobahn ein, denn die Straße wurde glatter und der Autoverkehr stärker. In meinem kleinen Käfig roch es widerlich nach Abgasen. Durch die Tablette war ich etwas benommen und hatte fürchterlichen Durst. Eine Polizistin brachte mir Tee. Zwei Tage war ich nun schon bei dieser Hitze unterwegs, ohne mich waschen zu können. »Du riechst wie die Löwen im Leipziger Zoo«, dachte ich und musste kurz lachen. Außerdem ging mir durch den Kopf: »Das ist das erste Auto, in dem es nicht zieht.« Trotz allem hatte ich meinen Humor nicht verloren. Ich bat die Wärterin, den anderen auch etwas Tee zu geben. Da öffnete sie eine Tür mir schräg gegenüber. Durch einen schmalen Spalt sah ich meinen Mann: schweißüberströmt, stopplig, übernächtigt. Aber was mich am meisten erschütterte: Er hatte die Knie bis unters Kinn gezogen. Sein Kopf stieß an die Decke. Sein Käfig war ja nicht größer als meiner, aber Dietrich ist 1 Meter 83 groß. Er sagte, dass ihm so furchtbar heiß sei. Mit meiner Tür fächelte ich ihm Luft zu. Er trug Handschellen und versuchte, sich den verschwitzten Rücken zu kratzen. Unter seinem linken Auge sah ich einen blauen Fleck. Leise fragte ich: »Faust?«

»Nein, Knüppel«, erwiderte er. Dann flüsterte er mir noch zu, dass ich versuchen solle, mich an Rechtsanwalt Schwanitz zu wenden. Der wohnte im gleichen Haus wie wir.

»Ruhe dahinten!«, schrie es.

Stundenlang fuhr der Barkas auf der Autobahn. Einmal wurde getankt. Die Hitze war unerträglich, es stank ekelhaft nach Benzin und Abgasen. Ich weiß nicht, wie lange wir standen. Es war kaum auszuhalten. Endlich ging es weiter, bis wir irgendwann irgendwo ankamen.

Ich musste aus dem Barkas steigen, stand in einer Gebäudeeinfahrt, musste durch eine große, laut scheppernde Gittertür gehen und fand mich plötzlich in einer Zelle wieder. Die Tür hatte innen keine Klinke. In diesem Moment wurde mir klar, dass ich eingesperrt war. In der Zelle stand ein alter, dicker Polstersessel, ein Wandklappbett und ein kleines Tischchen. Ich dachte: »Hier kannst du es ein paar Stunden aushalten.« Doch die Tür ging gleich wieder auf, und die Wärterin, die den Transport begleitet hatte, führte mich in eine Zelle, in der ich mich umziehen sollte. Einen blauen Trainingsanzug, Herrenunterwäsche, so eine Art »Liebestöter«, karierte Latschen. Sie fragte mich auch nach Tätowierungen und nach Kassibern, die ich mir eventuell irgendwo reingeschoben hätte. Am Ende der Zelle befand sich unter dem Fenster ein grünes Gitter mit Türchen, durch das ich gehen sollte. Auf dem Fußboden lag ein Lattenrost.

Ich war allein und bekam plötzlich fürchterliche Angst, weil ich dachte, dass man mich jetzt erschießen würde. Mir wurde klar, dass niemand von unseren Verwandten wissen konnte, wo wir waren. Als ich Jahre später das Personal in der Gedenkstätte Lindenstraße fragte, wo die Zelle mit dem grünen Zaun sei, konnte das keiner beantworten. Den hatten die Stasileute offensichtlich beseitigt.

Die Wärterin kam herein. Ich sollte meine eigene Kleidung wieder anziehen. Mein Haftbefehl sei nicht da. Ich zog also meine durchgeschwitzten Sachen an, sah mich schon durch Potsdam laufen, um per Anhalter nach Brandenburg zu fahren, meine Kinder in die Arme zu nehmen und zu hören, was sie erlebt hatten. Doch nach einer halben Stunde musste ich mich wieder umziehen. Der Haftbefehl war eingetroffen. Ich sah der Wärterin an, dass ihr das leidtat. Sie hatte Gummihandschuhe an. Ich sollte mich bücken. Offenbar wollte sie mir jetzt in Anus und Scheide fassen.

»Das machen Sie keinesfalls«, herrschte ich sie an, »ich bin Krankenschwester, mein Mann ist Arzt! Wir sind keine Kriminellen, die irgendetwas zu verstecken haben!« So bin ich um diese erniedrigende Prozedur herumgekommen.

Die Wärterin klingelte, die Tür ging auf, ein Wärter erschien. Er schien sich zu freuen. Mir kam er vor wie ein Schlachter, der eine schöne Kuh kriegt, denn so grinste er mich an. Angsterregend rasselte er mit einem großes Schlüsselbund. Dieses Geräusch begleitete mich über fünf Monate. Wieder musste ich durch eine große scheppernde Gittertür gehen. Mich überlief es ganz kalt. Ich stand in einem Gefängnisgang, in dem Netze vom Geländer bis zur Wand gespannt waren. Falls jemand herunterspringt, dachte ich. An der anderen Wand sah man nur Türen mit großen Schlössern.

Stasi-U-Haft in Potsdam

Ausgespuckt ins »Lindenhotel«

Unfassbar – ich, ein bisher unbescholtener Mensch, stand plötzlich mit dem Gesicht zur Wand, Hände auf dem Rücken, neben einer Zellentür. Erstaunt bemerkte ich, dass ich nicht entsetzt, sondern absolut gleichgültig auf diese Situation reagierte. Ich schreckte aus meiner seltsamen Versunkenheit hoch, als der gemütlich anmutende Wärter zu mir sagte: »Sie sind jetzt Nummer 39, geh'n Se jetzt da rein, und bezieh'n Se sich det Bett.«

Knallend fiel die Tür hinter mir in ihr großes Schloss. Ich war allein. Gleich neben der Tür die Toilette, unmittelbar daneben ein Waschbecken, dann zwei von gestreiften Matratzen bedeckte Holzpritschen, die so schmal waren, dass zwei Matratzenteile hintereinander lagen. Sie waren völlig durchgelegen, höchstens drei Zentimeter dick. Auf dieser Pritsche sollte ich noch viele qualvolle Nächte verbringen.

Nach einer fensterähnlichen Öffnung schaute ich mich vergeblich um. Es gab eine Anordnung von blinden Glasbausteinen und darunter ein Brett, das bei Bedarf vorgezogen werden konnte und so ein bisschen, aber wirklich nur ein bisschen für Lüftung sorgte. Ich war eingeschlossen.

Ich sah die Pritsche, das karierte Bettzeug, einen Schlafanzug. Der Drang, mich zu waschen und zu schlafen war unbezwingbar. Eigenartigerweise dachte ich auch jetzt noch an nichts und niemanden, weder an meinen Mann noch an meine Kinder. Mein Körper hatte sich auf Selbstschutz und Überleben eingestellt.

Liebe Mami, lieber Papi! Wir sind unheimlich froh, daß wir nach 4 Tagen Heim endlich wieder in einer Familie sind. Im Heim war es doch ziemlich trostlos. Zuerst durften wir nicht aus dem Heimkomplex heraus. Am letzten Tag hatte man sich überzeugt, daß wir nicht abhauen und hat uns auch mal ein Eis kaufen lassen. Zozo hat ziemlich oft geweint man kann sagen fast jedesmal wenn er hörte, daß wir noch eine Nacht bleiben müßten. Zum Glück hatten wir ein Zimmer zusammen und konnten uns so immer gegenseitig trösten, was bei Wulli kaum nötig war, er hat von uns drei am wenigsten geweint. Die Erzieher waren zwar alle sehr nett und wir haben auch alles gekriegt, trotzdem haben

Unsere Söhne Berthold (13) und Wulli (9)

wir am eigenen Leib gespürt wie schlimm das Heimleben ist. Wir wur-
den mit einer Gruppe 4 u. 5 Klässler zusammengesteckt, die aber alle in
die zweite Klasse gehen könnten. Um so mehr genießen wir jetzt unse-
ren Aufenthalt bei B…s. Wir denken immer an Euch und warten sehr
auf ein Zeichen von Euch. … Ich wünsche Euch Glück und viel Kraft
und grüße Euch beide sehr.
Euer Berthold

Liebe Mami, lieber Papi!
Wir sind jetzt bei den Greifswaldern. Das kam so: Herr Hill hat uns
ins Hilde Coppi Heim gebracht. Dort haben wir geschlafen. Am nächs-
ten Morgen wurde uns gesagt das wir erst noch warten müssen und das
ein Mann von der Jugendhilfe kommen soll. Aber dann kam er nicht.
Wir mußten noch eine Nacht dort verbringen. Am Morgen sagte man
uns das Onkel Dieter kommen würde. Er konnte an diesem Tag noch
nicht. Zozo sollte um halbfünf aufstehen, sich waschen und Essen. Er
wurde im Auto zum Flughafen Schönefeld gefahren. Sein Flug war 8.00
Uhr. Ich und Bert sind dann auch um halbfünf aufgestanden und haben
Zozo gewungken. …
P.S. Am Dinstagvormitag sind wir mit einer Frau aus dem Heim
nach Hause gefahren und haben Zozos Sachen und ein parr Sachen von
uns geholt.
Euer Wulli

Dies war der erste Brief unserer Kinder, den ich erst einige Wochen
später erhielt.

Vier Tage allein und Klopfen als Hoffnung

Kaum fing ich an, mich zu waschen, donnerte ein Schlüsselbund gegen
die Tür und eine Stimme sagte: »Waschen dürfen Se sich nur morgens!«
»Das interessiert mich nicht!«, rief ich. »Seit zwei Tagen werde ich
verhört. Ich stinke schon wie ein Löwe!«
Nachdem ich mich gründlich gewaschen hatte, legte ich mich auf die
Pritsche und schlief sofort ein. Doch es klopfte wieder und die Stimme
schrie: »Schlafen dürfen Se erst abends! Hier ist Ihr Abendbrot.«
Heißhungrig stopfte ich alles in mich hinein. Trotz der Ermahnungen
kroch ich wieder unter meine Decke und schlief. Bis mich anhaltendes
Klopfen langsam wach werden ließ. Dieses Klopfen war gleichmäßig,

beharrlich, fordernd. Mal wurde es auch von einem kräftigen Schlag an die Wand unterbrochen. Erst dachte ich, das seien die Handwerker. Mit immer wacher werdenden Sinnen verfolgte ich angespannt, was sich in meiner unmittelbaren Nähe abspielte. Ich freute mich, dass ich überhaupt etwas hörte und offensichtlich nicht alleine war. Es hörte sich an wie ein Gespräch – einer klopfte, ein anderer antwortete klopfend. Ja so musste es sein! Je länger ich zuhörte, um so sicherer wurde ich mir.

Ich dachte, es seien Morsezeichen und machte mir Vorwürfe: Englisch und Französisch hast du gemacht, gemalt und Schreibmaschine an der Abendschule gelernt, aber nicht das Morsealphabet. Nichts hätte mir jetzt mehr genutzt! Die in den anderen Zellen klopften und morsten wie die Weltmeister! Ja, so dachte ich, bummerte gegen die Wand und siehe da, plötzlich erstauntes Innehalten. Und dann ging es los wie ein Trommelfeuer. Ich war selig, Menschen neben mir zu wissen, und haute aufgeregt auf die Wand ein. Aber das war es nicht, was sie wollten. Sie verloren schnell das Interesse und führten ihr schnelles Klopfgespräch weiter. Ich überlegte, dass ich eigentlich ganz langsam mein Alter durchgeben könnte. Das waren 38 Klopfer. Und jetzt klopften sie zweimal an die Wand, zum Zeichen, dass sie verstanden hatten. Und nun klopften sie langsam und gedehnt. Ich zählte mit: 25 Klopfer! Das musste ihr Alter sein.

Nun lag ich wieder da, dämmerte vor mich hin, hörte aber trotzdem gespannt zu. Und dann kam mir die Erleuchtung! Die einzelnen Klopfer müssen Buchstaben sein! Und sofort versuchte ich es: ABCDEF GHIJKLM N, dann A, danach wieder ABCDEFGHIJKL M. Nun nochmals ABCD E. Und los ging das Klopfen auf der anderen Seite. Sie hatten mich verstanden: NAME. Vor Aufregung verhaspelte ich mich beim Alphabetaufsagen und klopfte angstvoll an die Wand. Sie wiederholten sofort ihre Buchstaben und ich dachte: »Gisela, ja sie hat Gisela geklopft.« Als ich erkannte, welche Möglichkeiten sich mir durch das Klopfen eröffneten, musste ich weinen, vor Freude, vor Angst und vor Erschöpfung. Doch als plötzlich etwas an der Zellentür schabte, hörte ich schlagartig auf. Ich sah ein Auge im Spion, das ungeniert auf mein Elend glotzte und sich womöglich daran weidete.

»Das ist das letzte Mal, dass du weinst«, dachte ich, »für diese Schweine keine Träne.« Dieser Gedanke hat mich die Haftzeit über begleitet und stark gemacht. Das Klopfen gab mir später immer wieder Hoffnung und hat die Zeit in der Zelle erträglicher gemacht. Durch das Klopfen bekam ich auch wichtige Informationen. Mein Mann hatte einem Mitgefangenen gesagt, ich solle nicht aussagen, dass mein Schwager unseren Ausreiseantrag an Dienststellen in der Bundesrepublik weitergegeben hat. Allein er, Dietrich, sei Schuld daran, dass wir uns in den Kreis der Ausreisewilligen gestellt hatten. Ich solle nicht zugeben, dass es auch mein Wunsch gewesen sei, ein zweites Mal nach Jena zu fahren. Das klopfte mir irgendwann ein Mithäftling meines Mannes durch. Aber jetzt lag ich hier auf der Pritsche und klopfte immer wieder an die Wand und sagte: »Gisela, Gisela«. Meine Familie kam mir wieder in den Sinn. Traurig, aber auch glücklich darüber, in dieser schrecklichen Umgebung nicht allein zu sein, sank ich in tiefen Schlaf.

Wochen später, als ich bei einer Verlegung mit dieser Frau zusammenkam, stellte sich heraus, dass Gisela Gundula hieß. Die andere in der Nebenzelle hieß Helga B.. Gundula N. erzählte mir, dass ihr Mann auch hier sei. Sie besaßen ein Haus in der DDR. Es bestünde die Möglichkeit, dieses über Rechtsanwalt Vogel dem Staat oder der Stasi zu überlassen. Von einer kirchlichen Institution in Westberlin erhielte man dann etwa 22 000 DM. Durch eine solche Transaktion würde man schneller von der Bundesrepublik freigekauft. Gundula erzählte mir auch, was ein Schließer an jenem ersten Tag über mich gesagt hatte: »Die muss schon mal jesessen ham, die kloppt ja wie'n Weltmeister.«

Das Klopfen bestimmte meinen ganzen Tagesablauf.

Abends, morgens

Die Nachtruhe begann damit, dass der Muckefuck-Plastebecher abgeholt und das Licht gelöscht wurde. Obgleich es miserabel war, auf dieser Holzpritsche mit Pferdedecke ohne Kopfkissen zu schlafen, schlief ich sofort tief ein. Und dann begann das, was ich als Schlimmstes während dieser fünf Monate U-Haft in Potsdam empfand: Das grelle Neonlicht wurde alle paar Minuten eingeschaltet. Durch die geöffnete Klappe rief der Schließer: »Kopf frei, Hände auf die Bettdecke, Gesicht in Richtung Zellentür!«

Die Nächte waren grausam. Ich war froh, als am Morgen »Aufstehen! Waschen!« gerufen wurde. Nachdem ich das erledigt hatte, sang ich mit klarer, lauter Stimme: »Die Gedanken sind frei, wer kann sie erraten, sie fliehen vorbei, wie nächtliche Schatten ...«

Irgendwo rief jemand: »Bravo!«

Diese Zustimmung war mir nicht ungetrübt vergönnt. Die Tür wurde aufgerissen und ein Wärter schrie mich an: »Gesungen, gepfiffen, gerufen und gelacht wird hier nicht!«

Forsch fragte ich: »Aber warum denn nicht?«

Drohend schnauzte er: »Denn passiert wat.«

Kurz danach kam das Frühstück: Brot, Marmelade, Margarine, Muckefuck.

Freistunde

Der Wärter fragte: »Freistunde?«

Ich wusste nicht, was das bedeutet. Er sagte, dass ich aus der Zelle in den Hof könnte. Begeistert sagte ich: »Natürlich«, und sah sofort Ernst Thälmann vor mir, den kommunistischen Arbeiterführer, der auf einem Bild in meinem Schulbuch mit großen Schritten um die Rasenfläche eines Gefängnishofes läuft, in deren Mitte ein Baum steht.

In der Freistunde treffe ich die anderen, dachte ich, sehe meinen Mann, kann die frische Luft genießen und über alles, alles endlich reden. Jetzt begann das Warten. Auf dem Flur wurde es unruhig, Stimmen der Schließer gingen hin und her, die großen Schlüsselbunde klapperten, Zellentüren knallten, Latschen schurrten den Gang entlang. Ich hörte jetzt ständig Schlüsselrasseln und kurze Befehle: »Geh'n Se! Komm' Se!« Es war alles so aufregend, dass mir das Herz bis zum Hals klopfte. Nach einer mir endlos erscheinenden Zeit wurde meine Zellentür aufgerissen. Barsch rief der Schließer: »Komm' Se!«

Endlich raus aus der Zelle. Mir brach der Schweiß aus, wilde Gedanken schossen mir durch den Kopf. Würde ich jetzt meinen Mann sehen? Bestimmt! Ich konnte ihn ja schon husten hören. Und sicher sähe ich auch die anderen, die mit uns im Barkas gesessen hatten. Sie hatten mit uns im Jenaer Kreis gestanden, waren mit uns zusammen verhaftet worden. Ich hatte mit der jungen Frau zusammen nachts im Polizeirevier auf Luftmatratzen gelegen. Sie hatte rot-blonde Haare, hieß Susanne und ihr Verlobter Peter. Sicher werde ich auch noch viele andere sehen! So dachte ich mir.

Und plötzlich, dieses: »39! Raustreten!«

39 – das war nun ich. Alles, was mein Leben ausgemacht hatte, alles was ich war und besessen hatte, war nicht mehr als Nummer 39.

»Geh'n Se hier lang, geh'n Se da lang, nich' umgucken, nich' zu den anderen Zellen, Treppe runter!« Ich musste einen Gang entlanggehen, an Zellentüren vorbei, musste stehen bleiben, weil ein rotes Licht anging. Damals wusste ich noch nicht, dass andere Gefangene dann woanders langgeführt wurden, weil wir uns nicht begegnen sollten. Ging das rote Licht aus und das grüne an, hieß es: »Frei!« Dann kam der Befehl: »Geh'n Se!«, und ich musste wieder eine Treppe herunter, wieder an Zellentüren vorbei.

Meine Sinne hatten ihre Antennen weit ausgefahren. Ich versuchte, irgendwelche Wortfetzen davon zu erhaschen, was hinter den anderen Zellentüren gesprochen wurde. Dann ging ich über fünf oder sechs steinerne Stufen zu einer Tür und trat ins Freie. Ein kleiner Hof tat sich vor mir auf, der in der Mitte eigenartige Mauern hatte. Ich fragte sofort: »Wo sind die anderen?«

»Welche anderen?«, fragte der Wärter breit lachend.

»Na, mit denen ich hier herumlaufe?«

»Geh'n Se weiter und da rein.«

Als ich um die nächste Ecke gegangen war, sah ich eine Tür in der Mauer. Jetzt kommt doch der Hof mit dem Rasen, dachte ich, und da treffe ich meinen Mann und die anderen Mitgefangenen. Aber wie lächerlich war doch meine Erinnerung an das Bild aus dem Geschichtsbuch mit dem Arbeiterführer. Der große Schlüssel drehte sich im Schloss, und ich betrat eine der sogenannten Freizellen, die ungefähr zwei mal drei Meter maßen, und über die Kükendraht gespannt war.

Freigangszellen im Stasigefängnis Lindenstraße Potsdam

Diese widerwärtige, verlogene DDR. Wie richtig war es doch gewesen, einen Ausreiseantrag zu stellen, wie gut, dass wir nach Jena gefahren waren. Aber nein, es war ja doch nicht richtig, denn schließlich saßen wir ja jetzt hier fest, wussten nicht einmal, wo der andere geblieben war, und wussten vor allen Dingen nicht, wo unsere Kinder waren. Ich hätte heulen können. Über mir war Drahtgeflecht und dort oben spazierte ein Wärter hin und her. Dieses Bild, ich hier unten, nach oben guckend, und da oben der Wachhabende mit der Kalaschnikow. Er sah zu uns herunter und machte häufig hämische Bemerkungen. Das erschreckte mich in der ersten Freistunde sehr. Hatte ich das nicht erst kürzlich in einer DDR-Zeitung gesehen? Doch da wurden die Zustände in Chile angeprangert. Dabei sperrte man auch hier, in der DDR, die Häftlinge in zwei mal drei Meter große Käfige und bewachte sie von oben.

Das einzig Sinnvolle, was ich tun konnte, war, mich zu bewegen: an der frischen Luft! Und so dehnte und streckte ich mich, machte meine Gymnastik, denn ich wollte unbedingt fit und gesund an Leib und Seele im Westen ankommen.

Plötzlich ging mir durch den Kopf: »Hier kannst du doch singen, du störst niemanden, es schallt gut, und du kannst deiner Traurigkeit Ausdruck verleihen. Aber am besten, du beginnst gleich mit dem zweiten und eindrucksvollsten Vers des in der Zelle begonnenen Liedes: »Und sperrt man mich ein im finsteren Kerker, das alles sind rein vergebliche Werke!«

Da hatte ich zu viel gewagt. Aus den benachbarten Zellen pfiffen und riefen begeisterte Männer. Ehe ich mich versah, wurde meine Tür aufgeschlossen und eine wütende Stimme keifte: »Los, raus hier, ick hab doch jesacht, det hier keene Kontakte jeknüpft wer'n dürfen.«

Mein schüchterner Einwurf, dass man hier doch gar keine Kontakte knüpfen könne, wurde vielleicht nicht einmal gehört, aber ich war schneller in meiner Zelle, als ich hinunter auf den Hof gekommen war. Ich saß auf der Pritsche und hatte noch den Gesang und die Rufe im Ohr.

Manchmal wurden von einer Freigangszelle zur anderen Steinchen über die Mauer geworfen, einmal ein Kirschkern, der vom Mittagessen übrig war. Aber da war dann die Freistunde auch zu Ende. Es war einfach alles verboten. Ab und zu hörten wir eigenartige Geräusche, wenn wir in der Zelle saßen. Sie drangen vom Freihof herauf. Es hörte sich an, als würde Metall abgekratzt. An anderen Tagen stank es durchdringend nach Lackfarbe. Wir vermuteten, dass hier Autos neu lackiert wurden, die man bei Fluchtversuchen beschlagnahmt hatte. Alles war für mich völlig neu in den ersten Tagen der Haft, aber im Laufe der Monate gab es kaum nennenswerte Ereignisse. Doch für uns, die wir hier in der Potsdamer Stasi-U-Haft, im sogenannten »Lindenhotel«, völlig isoliert saßen, war auch das kleinste Geräusch bedeutungsvoll. Sehnsüchtig wartete ich auf ein Zeichen von der Zelle nebenan. Schliefen sie, oder hatte ich ihre Geduld gestern Abend überstrapaziert?

Auf mein Klopfen hin klopften sie leise zurück: »Heute Abend.«

Warum erst heute Abend? Wir haben doch so viel Zeit. Da wurde schon wieder die Klappe in der Zellentür aufgerissen und jemand schrie: »Ick hab Ihn' schon mal jesacht, det Se sich anständich beneh'm solln. Ick sach Ihn, et passiert wat.« Ich schritt die Zelle ab, drei Meter zur Wand, drei Meter zurück, stand vor der Tür und erschrak. Durch den Spion, direkt vor mir, glotzte mich ein großes Auge ohne Wimpern und Gesicht starr an. Egal was ich tat, ob ich auf der Toilette saß, mich wusch oder die Menstruationshygiene erledigte, dieses widerliche Auge beobachtete alles.

Nach der unfreiwillig abgebrochenen Freistunde tat sich erst mal nichts, bis wieder die Türklappe aufging.

»Toilettenpapier!«

»Ja«, sagte ich, »das habe ich vermisst, geben Sie mir bitte eine Rolle.«

Die Wärterin, die wir später wegen ihres Dialekts Sächsin nannten, sagte: »Fassen Sie hier an und gehen Sie mit dem Papier ans andere Ende der Zelle.«

Als ich dort angekommen war, riss sie das Papier ab und schlug die Klappe zu.

Erste Kontakte

Nach den ersten vier Hafttagen öffnete sich morgens die Zellentür und eine junge Frau mit wunderschönen langen, lockigen Haaren wurde in meine Zelle geschoben. Sie sah aufgedunsen und leichenfahl aus. Ganz schnell war die Zellentür wieder zu, wir waren allein und sie umarmte mich, was ich sehr genoss. Sie stellte sich als Silvia H. vor. Schnell erzählte sie mir ihre Geschichte: Republikflucht in einem Boot mit ihrem Freund Olaf, der auch in der Lindenstraße mit »einsaß«. Aber es war auch noch eine kriminelle Sache im Spiel. Sie war also nicht ausschließlich politischer Häftling, wie sie mir sagte. Silvia war 21 Jahre alt, sie war mir erst mal sympathisch, und ich war überglücklich, endlich jemanden in meiner Einsamkeit zu sehen, um gemeinsam die ersten schweren Tage überstehen zu können. Und endlich jemandem meine Geschichte erzählen zu können, was ich auch sofort tat.

In ihrem Bündel hatte sie auflösbaren Saft, den sie für mich zubereitete. Ich war ihr so dankbar, denn ich hatte fürchterlichen Durst durch meine Erkrankung und Appetit auf etwas Frisches. Meine aufgeregte Frage, wie viele Tage sie schon hier sei, beantwortete sie mit einem Lachen. »Ich sitze über vier Monate hier.« Das entsetzte mich. Ich hatte nicht erwartet, dass man als Frau so lange festgehalten werden könnte. Bald wurde ich aber eines Besseren belehrt. Ich lernte immer wieder Mitgefangene kennen, die in der gleichen Situation waren wie ich und schon monatelang hier »saßen«. Silvias Fröhlichkeit und Unbekümmertheit machten mir Mut, und ich freute mich sehr, sie bei mir zu haben. Sie hatte natürlich noch keine Kinder und keine Familie, sodass alles leichter für sie war. Plötzlich lachte sie schrill auf und kurz darauf hustete irgendwo jemand. Ich war völlig verdutzt und fragte, was denn so lustig sei. Daraufhin erklärte sie mir, dass jegliche Kontaktaufnahme verboten sei, aber sie könne eben so schön laut lachen, und ihr Freund würde sie dann hören und daraufhin husten.

Ich habe es auch gleich probiert, laut gelacht und mein Mann hustete, woraufhin mir fast die Tränen kamen. Dieses Lachen habe ich die ganze U-Haft über durchgehalten. Mein Mann ärgerte sich furchtbar darüber, weil er meinte, dass wir uns damit Unannehmlichkeiten einhandelten. Das war auch so, aber gehustet hat er trotzdem. Für mich bedeutete dieses Lachen aber nicht nur Kontakt zu meinem Mann, es war auch ein Akt des Widerstandes, der mir Mut gab und mich stolz machte. Und ich sagte mir, dass ich mich nicht kleinkriegen lassen würde. Die Freude mit Silvia dauerte allerdings nur vier Tage. Dann wurde sie »rausgeschlossen«. Ob sie mich ausfragen sollte, weiß ich nicht, denn ich sah sie nie wieder, auch nicht im Frauenzuchthaus Hoheneck. Es dauerte nicht mal einen Tag und wieder öffnete sich die widerliche, verschlossene Tür. Eine Frau mit kurzen grauen Haaren betrat mit ihrem Bündel, einer Wolldecke, in die man seine Habseligkeiten einknotete, die Zelle.

Hier in der Stasi-U-Haft durfte man sich von seinen Besuchern Lebensmittel und etwas Kosmetik mitbringen lassen. Da diese Frau schon einige Zeit in U-Haft war, hatte sie einen richtigen kleinen Schatz. Und da ich noch gar nichts hatte, ließ sie mich an ihrem Besitz teilhaben. Doch erst mal setzten wir uns auf die Pritschen und erzählten uns unsere Erlebnisse. Silvia H. konnte nicht so gut erzählen, mit Banny war es ganz anders. Sie kannte alle Namen und Geschichten, der hier zur

Zeit inhaftierten Frauen, sogar ihre Adressen, und das wollte ich auch in Erinnerung behalten. Ich versicherte ihr, dass ich alles Gehörte weitergeben würde, sodass auch andere Mithäftlinge eines Tages erfahren würden, wer hier mal gesessen hat.

Ihre Geschichte war abenteuerlich. Sie hatte bei der DEFA in Potsdam gearbeitet und war dafür in Schulen und Kindergärten unterwegs, um Kinder für bestimmte Rollen zu finden und auszuwählen. Eines Tages waren Aufnahmen für einen Film in der Schweiz geplant, zu denen sie mitfahren sollte. Es war schon etwas ganz Besonderes, wenn man als Nicht-SED-Mitglied oder Nicht-Stasi-IM ausgesucht wurde, ins westliche Ausland zu fahren. Dafür musste man sicher bestimmte Bedingungen erfüllen, wie zum Beispiel keine Verwandten in der Bundesrepublik haben oder sehr linientreu sein.

Sieglinde B., genannt Banny, hatte hier in Potsdam Familie, einen Ehemann und zwei Söhne. Trotzdem hatte sie sich fest vorgenommen, aus der Schweiz nicht zurückzukommen, in Montreux zu bleiben. Sie versteckte sich vor der Rückfahrt bei ihren Wirtsleuten, sodass der Bus der DEFA ohne sie abfahren musste. Sie versuchte bei den Wirtsleuten, die eine Gastwirtschaft betrieben, zu arbeiten, doch sie hatte ständig Rückenprobleme. Dann probierte sie es mit der Weinernte, doch auch diese Arbeit war unmöglich für sie. Ständig unterhielt sie Kontakt zu ihrer Familie, die sie beschwor zurückzukommen, damit alles so werden könne wie früher. Keinerlei Strafe würde sie erwarten, auch ihre Arbeitsstelle würde sie wiederbekommen. So hatte man es ihrer Familie bei der Abteilung Inneres gesagt, was sie aber absolut nicht glaubte. Diese Abteilung hatte auch über Ausreiseanträge zu befinden.

Eines Tages hielt sie es nicht mehr aus: die Trennung von der Familie, die schwere Arbeit, das miese Quartier. Sie konnte es einfach nicht mehr verkraften. Sie fuhr zurück, bekam ihre Arbeit nicht mehr, obwohl man es versprochen hatte, sondern einen Posten als Sekretärin, den sie wegen ihrer zunehmenden Rückenprobleme auch nicht mehr ausfüllen konnte und wollte. Der Weg zur Abteilung Inneres war vorprogrammiert. Da machte sie ihrem Ärger Luft: Es fielen Worte wie »Sklavenhalterstaat« und »Diktatur«. Schon am nächsten Morgen klingelte es an ihrer Wohnungstür. Sie wurde zur »Klärung eines Sachverhaltes« abgeholt und saß dann mehrere Monate im »Lindenhotel« Potsdam. Später wurde sie wegen staatsfeindlicher Hetze zu zwei Jahren Haft verurteilt. Am Tag ihrer Gerichtsverhandlung war sie nicht bei mir in der Zelle. Am Nachmittag brachte man mich zu ihr. Sie lag schluchzend auf ihrer Pritsche und sagte immer wieder, dass sie sich umbringen würde. Man bat mich geradezu, sie zu beruhigen, denn ich sei doch Krankenschwester. Dem stimmte ich gerne zu, denn ich wollte auf keinen Fall, dass Banny diesen Schweinen so ein Schauspiel bot. Während ich ihr vor Augen hielt, dass sie einen Teil ihrer Strafe schon abgesessen hatte, blieb die Zellentür offen. Nachmittags sollte ich meine Sachen zu ihr holen, und wir waren wieder einige Wochen zusammen.

Mit Banny hatte ich gute Wochen, obgleich sie wegen ihrer ungeklärten Familiensituation häufig niedergeschlagen war. Wir machten jeden Morgen Gymnastik in der Zelle, wie auch während der Freistunde, und wir sprachen endlos über Bücher. Immer wieder sollte ich ihr von unserem Leben erzählen. Sie kannte bald jedes alte Porzellan und Möbelstück in unserer Wohnung. Sie kannte meinen Mann und unsere Kinder, wie auch meine Kleidung, die durchweg aus dem Westen kam. Wenn ich las, meinte sie allerdings, dass man das gar nicht könne, weil man doch an seine Familie denken müsse. Ich konnte das, aber sie langweilte sich. Sie wollte immerzu sprechen. Jeder Tag war so endlos lang durch die furchtbare Isolation. Die Zelle bestand ja nur aus zwei Pritschen, einer Toilette und einem Waschbecken. Außer den drei Büchern aus der Gefängnisbibliothek hatten wir nichts, mit dem wir uns sinnvoll die Zeit hätten vertreiben können, nicht einmal Papier und Bleistift. Es war sogar verboten, laute Geräusche zu machen. Leises Lachen war scheinbar erlaubt, denn es war nicht als verboten in der Gefängnisordnung aufgeführt. Als ich Banny erzählt hatte, dass ich mit lautem Lachen Kontakt zu meinem Mann aufnehmen könnte und dieser dann husten würde, machte sich Banny einen Spaß daraus, mich zum Lachen zu bringen und Dietrich hustete. Ich war glücklich darüber. Es war das Einzige, was ich von ihm hörte.

Später erzählte er mir, dass er viele Nachteile wegen dieses »Verstoßes« einstecken musste: eine kleine, schlechte Zelle weitab von den anderen. Ständig wurde er ermahnt: »Hör'n Se endlich uff, sonst jibt et wat.« Es kam so weit, dass Dietrich regelrecht wütend auf mich wurde. Ich versuchte natürlich, auch während der Freistunde zu lachen. Wenn ich hörte, dass er unten auf dem Hof beim Laufen laut aufstampfte, damit ich ihn erkenne, lachte ich laut, bis die Tür aufgerissen wurde, und der Schließer fragte, was ich denn zu lachen hätte. »Das Buch, das ich gerade lese, ist so lustig«, antwortete ich dann schon mal. Aber es passierte auch, dass Dietrich die Freistunde vorzeitig beenden und in seine stickige Zelle zurückmusste. Das wusste ich alles nicht. Für mich war dieses Lachen wichtig und sein Husten ein Bedürfnis und ein Liebeszeichen, worauf ich nicht verzichten wollte.

War ich mit Banny von der Freistunde zurück, wuschen wir uns ausgiebig. Und wieder wurde die Tür aufgerissen.

»Se dürf'n sich nich waschen, Se ham sich schon jewaschen, heut früh.«

Wir waren beide renitent und ließen es uns nicht verbieten.

Wenn wir mit dem Waschen fertig waren, nahmen wir uns das Brot, das wir vom Frühstück übrig gelassen hatten, eine Tomate vom vierzehntägigen Einkauf, setzten uns auf die Pritschen und fühlten uns – es ist kaum zu fassen – wohl. Schlafen war ja vormittags nicht erlaubt, aber ich denke, dass es für den Schließer angenehm war, wenn möglichst viele Häftlinge schliefen. Ich kroch unter meine Decke und schlief sofort tief ein. Aufgrund der Gallenkolik in der Nacht der Verhaftung bekam ich Medikamente, die womöglich dämpfend wirkten. Ich wachte erst vom Löffelklappern wieder auf. Mehrere Male hatte man unsere Zelle während der Freistunden gefilzt. Bonbonpapier, das wir als Lesezeichen glattgestrichen hatten, wurde uns weggenommen, etwas Watte, die ich mir für meine Regelblutung angespart hatte, wurde mir weggenommen. Sogar ein Laubblatt, das den Weg durch den Kükendraht zu mir gefunden hatte, wurde mir weggenommen. Manchmal bin ich fast durchgedreht vor Wut und Verzweiflung.

Woche um Woche

Die Tage und Wochen im »Lindenhotel« verliefen zwar einerseits gleichförmig und oft sehr, sehr langweilig, aber andererseits war doch manches im Laufe der Zeit für uns recht aufregend, weil wir überhaupt keinerlei Reize mehr gewohnt waren. Morgens um sechs Uhr wurden wir geweckt. Da nur ein Waschbecken und eine Toilette in der Zelle waren, wechselten wir uns ab. Natürlich durfte die zuerst auf die Toilette, die am dringendsten musste. Die Geruchsbelästigung in der winzigen Zelle war widerlich. Wir hatten nur das schmale Brett zum Lüften.

An manchen Tagen hörten wir morgens etwas an der Tür kratzen. Zwei Leute unterhielten sich. Später hörte ich, dass im »Lindenhotel« Kriminelle sauber machten, und die wollten wohl auch wissen, wer in den Zellen saß.

Nach der Toilettenbenutzung ging es ans Waschen, oft unter Beobachtung des starrenden Auges am Spion. Wir wuschen uns nackt.

Ich wurde im Juli inhaftiert. In der Zelle herrschte brütende Hitze. Nach kurzem Schlaf brach einem der Schweiß aus. Der Schlafanzug war pitschnass, also war das Bedürfnis, sich zu waschen, groß. Wir wussten, dass jemand am Spion stand und sagten etwas möglichst Abfälliges. Die jungen Schließer störten sich nicht daran.

Nach dem Waschen kam der Wagen mit dem Frühstück: Muckefuck in großen, weißlichen Plastebechern, Plasteteller mit Brot, Marmelade, Margarine und messerähnlichen Instrumenten aus Aluminium. Man konnte nun sagen, wie viele Stullen man wollte. Ich nahm immer zwei oder drei, um nach der Freistunde noch eine zum Essen zu haben. Frühstück gab es gegen 7.30 Uhr und Mittagessen kam erst um zwölf. Es gab nicht viel zu essen, aber für uns Frauen reichte es. Die Männer klagten, dass es nicht genug sei. Wir hatten fast alle den Gedanken, dass man uns etwas in den Muckefuck mischte, damit wir ruhiger würden und die Männer keinen »Samenkoller« bekämen. Dementsprechend reagierte der Magen. Häufig fühlte ich mich schwach, oft war mir übel. Meine Gallenkolik während der Verhaftung hatte ihre Spuren hinterlassen. In dieser ekelerregenden Umgebung mit dem unvermeidlichen Gestank hatte ich kaum Appetit.

Meine wechselnden Zellengefährtinnen und ich saßen uns auf den zwei Pritschen gegenüber, dazwischen ein kleines Klapptischchen, das an der Wand festgeschraubt war und darüber die blinden Glasbausteine. Wie oft fiel der Satz: »Man sieht nicht mal den Himmel!« Kurz nach dem Frühstück wurde das Geschirr abgeholt, nur der Kaffeebecher mit dem Muckefuck blieb in der Zelle. Müllschippe und Handfeger wurden hereingereicht. Wir krochen damit auf der Erde umher und fegten. Wir bekamen keinen Besen. Alles war darauf ausgerichtet, uns zu erniedrigen.

Ich versuchte laut zu lachen. Oft kam dann auch prompt ein Husten. Es husteten aber viele Männer für ihre Frauen. Nach einigen Wochen konnten wir nicht mehr unterscheiden, wer für wen hustete. Es kam sogar zu hässlichen Eifersuchtsszenen. »Du weißt doch schon gar nicht mehr, wer dein Mann ist. Der wäre doch sowieso nicht so mutig, dir zu husten.«

Unvorstellbar, wie die Gespräche und die Gedanken immer primitiver wurden. Da man keine Beschäftigung hatte, nur drei Bücher in zwei Wochen bekam, drehten sich meine Gedanken fast ausschließlich um Dietrich, meine Kinder, und wie man am besten und unerkannt mit der Nachbarzelle klopfen konnte.

War Toilettenpapierausgabe, verlief der Tag sehr interessant. Ich wollte einmal besonders viel ergattern, ging schnurstracks rückwärts in die Zelle und wickelte in Windeseile ziemlich viel herunter. Das wurde mir zum größten Teil wieder abgenommen. Man dachte offensichtlich immer daran, dass sich die Gefangenen umbringen wollten. Wie das allerdings mit Toilettenpapier gehen sollte, war mir schleierhaft. Genauso war es mit den Monatsbinden, die aus Zellstofflagen bestanden und mit einer Gazeumhüllung versehen waren. Diese Gazeumhüllung mussten wir vor den Augen des Schließers abziehen. Wir bekamen nur die Zellstofflagen. Die Gaze hätten wir ja zusammenknoten können, um uns damit zu erhängen.

Eines Tages wurde die Klappe aufgerissen. Im selben Moment lief ich darauf zu. Mir war gesagt worden, dass ich zu kommen hätte, falls die Klappe geöffnet würde. Würde jedoch die Tür geöffnet, hätte ich zum Fenster zu gehen. Durch die Klappe war der halbe Mensch zu sehen, der Schließer, der einen lächerlichen Sack auf dem Bauch trug. Wir mussten lachen, womit wir aber aus Angst vor dem Auseinanderlegen sofort wieder aufhörten. »Zieh'n Se Ihre Socken aus, et jibt neue«, schnarrte der Schließer. Das taten wir und die Klappe ging wieder zu. So kurz war die Unterbrechung des scheinbar endlos dauernden Tages gewesen, aber wir lachten immer wieder los, wenn wir an den Schließer denken mussten, der diesen lächerlichen Sack um den Bauch hatte.

Tagsüber konnten wir am Licht, das durch die Glasbausteine auf die Wand fiel, ungefähr sagen, wie spät es war. Manchmal hatte ich den Eindruck, nicht mehr normal zu sein, weil ich pausenlos auf die Geräusche aus dem Gang achtete. Jedes Geräusch nahm ich auf wie ein Schwamm.

Nur ein Bild

Schon in den ersten Tagen meiner Inhaftierung hatte ich um Bilder von meinen Kindern und meinem Mann gebeten, aber das wurde von den Schließern nur belächelt. Das hatten ja auch ganz andere Leute zu entscheiden. Ich musste auf eine Vernehmung warten, um dort meinen Wunsch anzubringen. Immer, wenn vormittags ein Schließer erschien, sagte ich ihm, dass ich zum sogenannten Vernehmer möchte (eigentlich war es ja der Verhörer). Es dauerte Wochen, bis ich dorthin kam, und das gerade in der ersten Zeit, als ich noch glaubte, hier schnell wieder herauszukommen. Mein Mann hatte mir im Barkas zugeflüstert: »Dich werden sie rauslassen, denn wir haben ja nichts getan.« Aber ich hatte nun schon verschiedene Frauen kennengelernt und von ihren »Taten« gehört. Deshalb war ich felsenfest davon überzeugt, hier nicht so schnell rauszukommen. Das war mir schon beim ersten Verhör klar geworden: Alle Fragen bezogen sich auf meine Kindheit und meine Eltern. Wir waren also ganz am Anfang. Es würde sich endlos hinziehen.

In den Briefen an meinen Mann und an meine Kinder hatte ich ebenfalls um Bilder gebeten. Endlich bekam ich ein Foto. Es war auseinandergeschnitten worden. Wir hatten es vor zwei Jahren während des Urlaubs in Bulgarien gemacht, und nun bekam ich nur den Teil, auf dem Dietrich zu sehen war. Zwar freute ich mich riesig, doch ich war auch erschüttert, mich weggeschnitten zu sehen. Ich wusste genau, wie ich auf dem Bild ausgesehen hatte. Die blonden Haare hochgesteckt, braun gebrannt, ausgeruht und hübsch. Nun konnte ich meiner Mitgefangenen nicht zeigen, wie ich einmal ausgesehen hatte. Wollte die Stasi nicht, dass andere sahen, wie sehr mich die Haft verändert hatte? Mir kamen die Tränen vor Freude über das Bild, aber auch vor Enttäuschung, keine Fotos von unseren Kindern bekommen zu haben. Die andere Hälfte des Fotos aus Bulgarien erhielt ich ein halbes Jahr später im Zuchthaus Hoheneck. Das Bild meines Mannes stellte ich nun auf das Wandtischchen, das zwischen unseren Pritschen an der Wand befestigt war. Banny durchmaß mit großen Schritten die Zelle, aber bei meinem Bild blieb sie stehen und sagte ganz bedeutungsvoll: »Dietrich, oh Dietrich, was machen sie mit dir?« Sie guckte dabei ganz eigenartig, aber auch ich merkte, dass ich mich veränderte und nicht mehr normal reagierte. Ich wurde mit jedem Tag eifersüchtiger. Zuvor hatte ich darüber nur gelächelt, und es als Anteilnahme aufgefasst, aber nun ärgerte ich mich häufig maßlos, wenn Banny das Bild meines Mannes so anguckte. Ich gönnte ihr diesen Blick einfach nicht, mich nervte ihr Gehabe. Manchmal kam ich mir richtig schlecht und primitiv vor. Ich kannte Bannys Geschichte, wusste, dass ihre Ehe zerbrochen war, dass ihre Jungen überlegten, ob sie überhaupt mit in den Westen gehen sollten. Nach jedem Sprecher, den sie hatte, war sie fix und fertig, weil die Familie versuchte, sie von ihrem Ausreisevorhaben abzubringen, und ich verübelte ihr nun sogar noch, auf mein Bild zu gucken!

Zirkus

Ich war in keiner guten körperlichen Verfassung. Die Haare waren glanzlos, die Fingernägel brüchig und die Stimmung schlecht. Gegen Niedergeschlagenheit und schlechte Stimmung konnte ich angehen, da half mir mein Optimismus, den ich auch hier nicht verloren hatte. Auch schöpfte ich Kraft aus dem Gedanken, zu Unrecht eingesperrt zu sein. Ich hatte eine Riesenwut auf diesen Staat. Zum Glück waren wir meist zu zweit in den Zellen, und so versuchten wir selbst aus dem »fast Nichts« etwas zu machen. An einem dieser nicht enden wollenden Nachmittage hatte ich mit Biggi H., einer anderen Mitgefangenen, beschlossen, Zirkus zu spielen. Wir hatten uns ein kleines Sportprogramm ausgedacht: Eine sollte der anderen auf die Knie steigen, dabei wurde sie von der anderen von hinten gehalten. Das hört sich leicht an, verlangt aber einiges Training in Standfestigkeit. Wir hopsten und sprangen unter viel Getöse und Gelache umher, bis plötzlich die Zellentür aufgerissen wurde. »Jetzt hab ick et satt mit Ihn!«, schrie der Schließer. »Immer det Theater mit Ihrn schrecklichen Gelächter. Sie wolln nur Ihrn Mann imponieren. Jetzt komm Se raus, Sachen packen, jetzt is Schluss.«

Unter den Worten »schneller, schneller!« wurden wir aus der Zelle getrieben. Wir hatten fürchterliche Angst und glaubten, dass uns jetzt etwas Schlimmes angetan würde. Mit unserem Bündel liefen wir durch die Gänge, Zellentüren öffneten sich. Wir waren getrennt. Mit Biggi hatte ich mich so gut verstanden, wir hatten wunderbare Gespräche geführt, sie war Physiotherapeutin, wir lagen auf einer Wellenlänge, obgleich sie so viele Jahre jünger war als ich. Ich war 38 Jahre alt, sie war 22. Biggi wollte mit ihrem Verlobten Kay über Ungarn in die Bundesrepublik fliehen. Ein Bekannter aus der Bundesrepublik hatte ihnen hierfür Landkarten des Grenzgebietes von Ungarn und Österreich zukommen lassen. Als sie sich dem bezeichneten Grenzort näherten, wurden sie bereits von ungarischen Grenzsoldaten gestoppt, durchsucht und festgenommen. Nach Verhören kamen sie in U-Haft in Sopron und bekamen dort nur Wasser und Brot. Auf ihre Bitte um Leselektüre verlangte der Wachhabende dafür die Radkappen und die Schonbezüge ihres Trabants. Über die Trennung von Biggi war ich noch lange tieftraurig.

So schrecklich es sich anhört, die Familie war weit weg, und ich versuchte, möglichst unbeschadet über diese Zeit zu kommen. Dazu konnten natürlich die Zellenmitbewohner viel beitragen. Sie konnten einem das Leben erleichtern oder schwerer machen. Die Männer waren im Allgemeinen nicht so stark wie die Frauen. Einige überlegten sogar, den Ausreiseantrag zurückzuziehen. Für Dietrich gab es solche Überlegungen nicht. Er hatte gesagt: »Der Mensch lebt nicht vom Brot allein, und wir wollen hier weg.« Er war nicht in der Pionierorganisation gewesen, auch nicht in der FDJ. Um Haaresbreite wäre er der Schule verwiesen worden, da er sich nicht zur Armee verpflichtet hatte.

Zellenalltag

Bevor ich das erste Mal eine Zelle in der Potsdamer U-Haft betrat, wurde mir gesagt, was ich zu tun und zu lassen hätte. »Wenn jemand vom Wachpersonal die Zelle betritt, haben Sie aufzustehen. Sie dürfen am Tag nicht schlafen, Sie dürfen nichts über Ihre Straftat erzählen, Sie dürfen unter Strafe nicht rufen, natürlich nicht schreien, nicht laut lachen, überhaupt keine lauten Geräusche machen.« Dass wir nicht klopfen dürfen, sagten sie uns nicht. Vielleicht wollte man uns nicht auf diese Idee bringen. Das alles wusste man, und trotzdem vertrauten wir uns unsere sogenannten Taten an. Wir versuchten, uns so gut wie möglich die Zeit zu vertreiben, und das nicht immer leise. Wir machten uns Massagen, und ich lachte sehr laut, wie es mir meine erste Mitgefangene, Silvia H., beigebracht hatte, um meinem Mann ein Zeichen zu geben. Er hustete dann, um mir zu zeigen, dass er mich gehört hatte. Viele Männer husteten, um ihren Frauen, die auch in Haft waren, ein Zeichen zu geben. Anfangs erkannte ich genau, wenn mein Mann hustete, aber das wurde mit der Zeit immer schwerer. Ich erkannte einfach seine Stimme nicht mehr, und das war furchtbar für mich. Der ganze Tag war mit Warten verbunden, und mein ganzes Denken drehte sich nur darum, wann ich wieder lachen könnte, denn dann würde er ja husten, oder was machte er jetzt gerade? Spielten sie wieder ewig Schach? Ich wurde allmählich eifersüchtig, auch auf all das, was ich nicht mehr hörte. Ich wusste aus Briefen, dass mein Mann mit seinen Mitgefangenen Schach spielte, und so glaubte ich immer, wenn er nicht hustete, würde er Schach spielen und mir darum kein Zeichen geben.

Manchmal dachte ich, dass man verrückt werden könnte, weil man nichts zu tun hatte. Später sagte mir mein Mann, dass er manchmal richtig wütend war, weil ich lachte, und er meinte, dadurch Nachteile zu haben. Er wurde zum Beispiel in eine kleine Zelle mit einem Ungarn gesperrt, der kein Wort Deutsch sprach und ihm, wenn er zur Freistunde war, den Tabak klaute. Außerdem machte ihn dessen ständiges Onanieren ganz verrückt. Bei einem der wenigen Sprecher sagte mir dann mein Mann, dass ich wegen der Unannehmlichkeiten, die wir uns damit einhandelten, aufhören sollte zu lachen. Ich antwortete ihm, dass mich keiner davon abhalten könne zu lachen. Oft würde ich lachen, wenn ich lese, und außerdem erzählten wir uns so lustige Dinge, die mich zum Lachen brächten. Der Vernehmer, der das hörte, sagte daraufhin: »Übertreiben Sie nur nicht.« Ich merkte, dass mir das Lachen Energie und Kraft gab, und ich lachte natürlich auch, wenn Dietrich in der Freigangszelle unten im Hof Gymnastik machte, und da stellte ich mich möglichst nahe ans »Fenster«. Meistens hustete er dann auch, wenn er mich hörte.

Einzelhaft im »Lindenhotel«

Durch mein lautes Lachen und meine Aufsässigkeit hatte ich die Wachen im Laufe der Zeit offensichtlich so verärgert, dass sie mich oft verlegten. Wieder einmal wurde die Tür aufgerissen und der Schließer sagte scharf zu mir: »Komm' Se.« Wir verabschiedeten uns, und ich glaubte natürlich in eine andere Zelle mit einer Mitgefangenen zu kommen, aber das war ein Trugschluss.

Ich landete allein in einer völlig verqualmten Zelle. Die Wände waren verrußt. Ich schrubbte sie. Über mir, unter mir, neben mir war alles still. Man hatte niemanden in die Nachbarzelle gesperrt – wahrscheinlich um mich zu zermürben. Ich blieb allein und wartete nun tagelang vergeblich auf eine andere Mitgefangene. Immer wenn sich die Klappe öffnete, fragte ich, wie lange ich noch allein bleiben müsse. Es sei keine überzählige Frau da, antwortete man mir. Mir wurde immer klarer, dass dies Einzelhaft war. Meinem Mann ist das erspart geblieben.

Es kam das Wochenende. Ich sagte dem Schließer, dass ich meine Bücher ausgelesen hätte. Ich läge hier ganz alleine, unter mir keiner, über mir leer und neben mir auch niemand, sodass ich wahnsinnig würde. Es sei wie ein Grab. Es war der Schließer, der immer ein bisschen fein aussah und bei dem ich mich schon gefragt hatte, wie der wohl hier in den Stasiknast gekommen war. Ich habe ihn dann beredet, mir doch ein Buch zu bringen. Er kam plötzlich mit drei Bänden »Joseph und seine Brüder« von Thomas Mann. Die wollte ich schon immer lesen und beim Aufschlagen sah ich, dass die Bücher auf ganz dünnem Papier gedruckt waren. Jedes Buch hatte 600 Seiten. Ich habe mich so gefreut und dann den ganzen Tag gelesen.

Viereinhalb Wochen war ich nun schon alleine, meine Nerven waren strapaziert. Ich lag auf meiner Pritsche, die genauso durchgelegen war wie in der anderen Zelle, und sinnierte über meine schlimme Lage.

Ich kratzte und wischte versonnen an der Wand und trauerte der Zeit mit Biggi nach. Da hörte ich, dass in die Zelle neben mir jemand eingeschlossen wurde. Nach kurzer Zeit wurde mein Wischen mit ganz aufgeregtem Gekratze und undefinierbarem Geklopfe beantwortet. Ich versuchte es erst mal mit 38 ganz langsamen Klopfern, was ja mein Alter bedeutete, und plötzlich klopfte der oder die andere auch ganz langsam 32 Mal. Nun klopfte ich »NAME«. Nach relativ kurzer Zeit bekam ich die Antwort: »Peter«. Er hatte die Klopfsprache verstanden und klopfte mir durch, dass er mit seiner Freundin Hanne verhaftet worden war, und wenn ich sie träfe, möge ich ihr mitteilen, dass sie bei einer Befragung nichts sagen solle. Ich war richtig froh, so einen aufgeschlossenen Nachbarn bekommen zu haben. Dann klopfte er mir seine Geschichte durch. Sie wollten beide mit einem befreundeten Pärchen, Detlef und Annette, in einem Boot über die Ostsee. Doch das Wetter war zum gewählten Termin sehr schlecht, und so versteckten sie das Boot und warteten im Wald. Aber als es morgens noch nicht besser war, entschlossen sie sich, erst noch einmal nach Hause zu fahren. Dort wartete bereits die Stasi auf sie.

Während ich über diese Geschichte nachdachte, ging die Zellentür auf und eine ganz junge, ernste, hübsche Frau wurde hereingeschoben. Ich grüßte sie höflich. Überglücklich, nach viereinhalb Wochen endlich jemand anderen als die Schließer zu sehen, zeigte ich meine Freude nicht. Sonst hätten sie mir die Neue womöglich wieder weggenommen. Als die Tür geschlossen war, fielen wir uns in die Arme. Ich fragte sie flüsternd, ob sie Hanne sei. Wir lösten uns sofort wieder voneinander. Ich tat beschäftigt, dabei war ich auf ihre Geschichte gespannt.

Es war wirklich Hanne. Sofort erzählte ich ihr, dass Peter nebenan sei, und sie mit ihm »sprechen« könne. Gespannt verfolgte sie, was an der Wand geschah, aber das war wenig. Es kam kein Klopfzeichen. Während wir aufgeregt und leise miteinander gesprochen hatten, war Peter verlegt worden.

Mit Hanne verbrachte ich dann viele Wochen. Wir hatten schöne Tage, aber oft wurde die Stimmung auch durch ihr eisiges Schweigen sehr getrübt. Wenn ich Dietrich alle vier Wochen sehen durfte, war sie wie versteinert. Sie durfte ihren Peter nur einmal während der gesamten U-Haft sehen, denn sie waren ja nicht verheiratet. Auch das war schikanös und unmenschlich. Wir erzählten uns schon bald fast alles. Ich versuchte sie aufzurichten und sie aus ihrer Niedergeschlagenheit herauszuholen. Oft werde ich sie aber wohl mit dem Klopfen verrückt gemacht haben. Tagsüber wurde mit der ganzen Hand, abends nur mit den Fingernägeln geklopft. Sie klopfte fast nie. Es interessierte sie nicht, wer neben, unter oder über uns eingesperrt war.

Man musste sich miteinander arrangieren, wenn man wochenlang zu zweit war, und man hatte Glück, wenn man sich sympathisch war. Sechs oder acht Wochen mit ein und derselben Person in einer Zelle sein zu müssen, kann psychische Folter sein. Glücklicherweise kam ich in den fünf Monaten U-Haft noch einige Male mit Hanne zusammen.

Irgendwann wurde ich mit einer Frau zusammengelegt, die bei der LPG gearbeitet hatte, ihr Mann ebenfalls. Als dessen Vater in Westberlin plötzlich starb, wollten sie natürlich zur Beerdigung fahren. Da ihnen das nicht gewährt wurde, kauften sie einen Kranz mit Schleife, auf der stand, dass sie verlangen, sofort zur Beerdigung fahren zu dürfen. Damit stellten sie sich auf den Berliner Alexanderplatz. Ein paar Minuten später waren sie schon verhaftet worden. Mit dieser Frau, Renate S., lag ich ebenfalls nur vier Tage zusammen. Sie und ihre vorherige Zellennachbarin hatten gedacht, die Männer seien hier offensichtlich alle schon an Lungenentzündung erkrankt, und dass eine Frau wohl wahnsinnig geworden sei, so grausig wie sie lache. Ich führte ihr vor, dass ich die »Wahnsinnige« war und lachte laut. Dass man klopfen konnte, um sich zu verständigen, hatten die beiden auch nicht mitbekommen.

Verhöre

Für mich war jeder neue Tag eine Hoffnung, zum Vernehmer zu kommen. Ich wusste in der ersten Woche nicht, wo unsere Kinder waren! Das machte mich manchmal fast verrückt vor Angst. Man hatte ja schon so viel gehört. Dass die Kinder in Heime kämen oder sogar zwangsadoptiert würden. Mir war vorgegaukelt worden, dass ich zur Haftverkürzung beitragen könne, wenn ich bei der Wahrheitsfindung helfen würde. Das Warten gehörte zur Strategie der Stasi, um die Häftlinge weich zu machen, ihre Kraft zu brechen, sie psychisch kaputt zu machen.

Fehlende Fenster, ungenügende Lüftungsmöglichkeiten, ständige Verlegungen zu einem neuen Mitgefangenen, monatelanges Zusammenlegen von zwei Gefangenen, die sich nicht mochten, nächtliche Störungen durch Neonlicht, völlige Isolation, Verbot von Dingen wie Papier und Bleistift, Radio oder Zeitung, und die Unklarheit darüber, was, wann, wo mit einem passieren würde – die Stasi hatte physische Folter gar nicht mehr nötig, die psychische reichte aus.

In dieser Situation waren die Verhöre eine Ablenkung. Zum einen grübelte ich, was ich sagen konnte und was ich lieber verschweigen sollte. Andererseits konnte ich dem Vernehmer auch Dinge über die DDR sagen, die ich schon lange zur Sprache bringen wollte: Was seien das für Zustände, wenn man sogar Freunde verdächtigte, für die Stasi zu arbeiten. Aber auch mit meiner Kritik an den menschenunwürdigen Haftbedingungen hielt ich nicht hinterm Berg. Mein Gegenüber nahm das alles unbewegt zur Kenntnis. Ich glaubte, keine Nachteile durch meine Offenheit zu haben. Aber sicher konnte ich mir dessen nicht sein.

So wartete ich also jeden Morgen darauf, dass das große Schlüsselbund an die Tür knallte, die Tür aufgerissen wurde und ein »Komm' Se« ertönte. Einmal musste ich drei Wochen warten. Auf Fragen wie: »Warum werde ich nicht geholt? Es muss doch ganz schnell weitergehen, denn ich habe Kinder und muss nach Hause«, bekam ich nur ein höhnisches Grinsen. Doch wenn ich geholt wurde, musste ich dem Vernehmer stundenlang gegenübersitzen und immer wieder die gleichen Fragen beantworten. Ein Verhör zu Beginn meiner U-Haft in Potsdam ist mir deutlich in Erinnerung geblieben. Der Vernehmer saß am Schreibtisch und tippte das Protokoll im Ein-Finger-Suchsystem, oft mit vielen inhaltlichen und orthografischen Fehlern, die ich später vor dem Unterschreiben bemängelte. Er nahm Bezug auf meine ersten Aussagen in Jena. Als ich in der Nacht meiner Verhaftung verhört worden war, hatte man mir gesagt, ein Tonband liefe mit. Gott sei Dank war ich damit einverstanden, obwohl ich nicht glaube, dass man es ausgeschaltet hätte, wäre ich nicht einverstanden gewesen. In dieser Nacht hatte ich gesagt, dass wir dem Bruder meines Mannes, der Orthopäde in Kiel war, eine Kopie des Ausreiseantrages geschickt hatten. Er sollte von diesem Schritt wissen. Dass wir in den Westen wollten, wusste er schon lange. Doch nun sei es amtlich. Die Ausreise sollte auf eine sichere Art und Weise geschehen. Dies erschien uns nun nach der Helsinkikonferenz, bei der sich die DDR-Führung zur Achtung der Menschenrechte und Grundfreiheiten verpflichtet hatte, möglich.

Während jenes Verhörs in Jena hatte der Jurist gefragt, ob mein Schwager unseren Ausreiseantrag an das Bundeshaus oder an ein Bundesministerium gegeben habe. Er piesackte mich immer und immer wieder mit den gleichen Fragen: »Wo hat Ihr Schwager den Ausreiseantrag abgegeben? Wo hat er ihn hingeschickt? Hat er noch andere Personen aufgesucht? Haben Sie andere Personen mit einbezogen? Sicher hat er den Antrag zum Bundeshaus oder zum Bundesministerium gegeben. Sie wissen es doch bestimmt. Wenn Sie nicht zur Wahrheitsfin-

dung beitragen, werden Sie Ihre Kinder nicht so schnell wiedersehen.«
Er sagte mir sogar, dass mein Mann das schon zugegeben hätte. Diese
Unterstellung erregte mich so, dass ich sehr laut wurde und sagte, dass
ich meinen Mann nur als aufrechten Menschen kenne, er aber jetzt
fürchterlich zu lügen scheine. Ich verlangte eine Gegenüberstellung
mit meinem Mann. Dazu kam es natürlich nicht. »Ich weiß, dass ich
meine Kinder so schnell nicht wiedersehen werde, aber mit ›Bundeshaus‹ oder ›Bundesministerium‹ kann ich nichts anfangen! Aber wenn
Sie sagen, dass es so etwas war, wird es schon richtig sein, denn Sie
haben ja die Ahnung.« Ich wusste, dass mein Schwager an eine Rechts-
anwältin in Westberlin herangetreten war und sie gebeten hatte, uns auf
eine Liste zu bringen, die eventuell bei Verhandlungen zwischen Ost
und West herangezogen würde. Das gab ich bei den Verhören natürlich
nicht zu Protokoll. Der Vernehmer in Jena fragte außerdem, wer unsere
Freunde seien und wer von ihnen einen Ausreiseantrag stellen wolle.
Außerdem musste ich über meine Westreise genaue Auskunft geben.
Wen ich da besucht hätte, welche Berufe diese Leute hätten, welche
Firmen sie besäßen. Er wollte sogar wissen, was der Schwiegervater
meiner Nichte machte. Ich hatte nur gehört, dass dieser beim Bundes-
grenzschutz arbeitete. Mir ging es aber in dieser Nacht in Jena durch
die Gallenkolik und die starken Magenschmerzen so schlecht, dass ich
nur in Ruhe gelassen werden wollte. Doch der angebliche Jurist beteuerte immer wieder, dass es nur noch eine halbe Stunde dauern würde.
Als er nicht aufhörte, mich zu befragen, unterschrieb ich das Protokoll,
in dem schließlich stand, dass ich »müde« gewesen sei.

Der Vernehmer im »Lindenhotel« bezog sich gleich zu Verhörbe-
ginn auf dieses Protokoll. Er fragte wieder nach Bundeshaus und Bundesministerium. Ich wusste von Banny, dass sie eine Zeit lang mit einer politischen Gefangenen, Lore, in einer Zelle gesessen hatte. Deren
Tante hatte Lores Geschichte an die UN-Menschenrechtskommission
geschickt. Lore war wegen »Kontaktaufnahme zu fremder Macht« zu
zweieinhalb Jahren Haft verurteilt worden. Und nachdem ich Banny
meine Geschichte flüsternd auf der Pritsche sitzend erzählt hatte, riet
sie mir sofort, mein Jenaer Geständnis zu widerrufen, denn das wäre
»Kontaktaufnahme zu fremder Macht«, somit Agententätigkeit, und
darauf stünden bis zu zehn Jahre Haft. Sie brachte mich dazu, den
ganzen Tag zu überlegen, was ich während der Vernehmungen sagen
sollte, wonach der Vernehmer mich fragen könnte, was ich preisgeben
durfte, was ich auf jeden Fall für mich behalten musste. Ich musste
unbedingt versuchen, zu einer Vernehmung zu kommen, und das war

nicht einfach. Man klopfte an die Zellentür oder ließ die Klappe fallen. Die Klappe war ein kleines Blech außen an der Tür. In der Zelle zog man an einer Schnur, draußen klappte die Klappe um. Eventuell kam dann der Schließer und fragte, was man wolle. Doch eine Vernehmung konnte man nicht mit Bummern an die Tür, Schreien oder nett Fragen erreichen. Das war alles festgelegt und gleichzeitig undurchschaubar. So lag ich von morgens bis abends auf meiner Pritsche und grübelte.

Es dauerte sehr lange, bis es mir gelang, diese erzwungene Aussage von Jena zu widerrufen. Endlich wurde ich wieder durch die Gänge geführt, aber auch durch die mir schon bekannte, scheußlich scheppernde Gittertür.

Während des Verhörs war das Fenster die ganze Zeit geöffnet, im Hof dudelte ein Radio. Ich dachte, dass dort Leute wohnten, und was die wohl dachten, wenn sie den Vernehmer schreien hörten. Doch da wohnten keine normalen Leute. Es waren die Wachen, die dort saßen. Das wusste ich damals noch nicht. Meine Knie fingen an zu zittern. Zynisch fragte er, warum ich denn zittere. Da habe ich gesagt, dass er das Fenster schließen solle, weil ich so frieren würde. Doch ich hatte nur unheimliche Angst. Als er weiterbohrte, tat ich ganz scheinheilig und sagte: »Ach, mir fällt ein, dass damals beim Verhör in Jena ein Band mitlief. Darin habe ich ja immer betont, dass ich nicht weiß, wohin der Ausreiseantrag gegangen ist. Könnten Sie das nicht mal abhören?« Der Vernehmer Hollwitz wurde wütend und schlug mit der Hand auf den Tisch. Er führte ein Telefonat, ging geschäftig aus dem Raum, kam wieder und sagte, das Band sei nicht auffindbar. Von da ab wurde dieser Punkt nie wieder berührt.

Bei den Verhören hatte ich immer furchtbare Angst, etwas Falsches zu sagen. Ich sorgte mich um unsere Kinder und um Dietrich, der sich solche Vorwürfe machte, weil er nicht hatte verhindern können, dass auch ich verhaftet worden war. Bei unseren Treffen im »Lindenhotel« (wie romantisch das klingt) hatte ich den Eindruck, dass er weitere Repressalien oder Nachteile durch »Fehlverhalten« vermeiden wollte: Einzelhaft, Zusammenlegung mit Kriminellen, darunter auch Mördern, wie er es von Mitgefangenen gehört hatte.

Hart und kalt

Die Matratzen waren dünn und rutschten fortwährend auseinander. Ich lag auf den Pritschenbrettern und meine blau gelegenen Hüften schmerzten. Wiederholt bat ich darum, die durchgelegenen Matratzen auszutauschen. Das dünne Füllmaterial bot nach jahrelanger Benutzung keine Polsterung mehr. Am Tag lehnte ich mich an die nackte Wand und stemmte die Füße auf die Matratze. Bequem war das nicht. Aber es war immer noch besser, als den ganzen Tag auf diesem einen Hocker zu sitzen, während die andere Gefangene auf der Pritsche saß. Meine Sitzbeinhöcker hatten noch jahrelang Schwielen. Natürlich hatten wir auch kein Kopfkissen, sondern nur so eine Art kleines Keilkissen, dazu gab es eine »Pferdedecke«, die mit einem blau karierten Bettbezug bezogen war.

Der Herbst und der beginnende Winter waren sehr kalt. Wir lagen mit dem Kopf direkt unter der Öffnung mit den Glasbausteinen, »Fenster« genannt. Es zog erbärmlich. Ich hatte ständig Kopfschmerzen. Einen Pullover, offensichtlich aus Armeebeständen, reichte man mir nach Wochen auf mein Betteln hin gnädigerweise herein. Ich wollte ihn mir über den Kopf legen, aber auch das erlaubte man nicht. Wieder ging die Klappe auf und der Schließer herrschte mich an: »Kopf freilassen!« Am Tag hatten wir einen dünnen blauen Trainingsanzug an, darunter ein Herrensporthemd und einen langbeinigen Schlüpfer. Normalerweise hatte niemand einen Pullover, eine Bluse oder Ähnliches. An den Füßen hatten wir karierte Latschen. Die Kleidungsstücke mussten in der Nacht zusammengefaltet am Fußende auf der Bücherkiste liegen.

Sprecher mit draußen

So hieß es, wenn man mit einem Besucher zusammengeführt wurde und eine halbe Stunde oder weniger mit ihm zusammen sein durfte oder zusammen sein musste. Der erste Sprecher war so ein »musste«. Nach ein paar Tagen Haft wurde ich in einen großen Raum geführt. Mir gegenüber saß ein Mann in meinem Alter. Ich konnte es kaum glauben. Er war aus dem Getriebewerk Brandenburg, der Stadt, in der wir 15 Jahre gelebt hatten. Ich hatte dort eine Ausbildung zur Krippenleiterin gemacht und arbeitete in der Getriebewerkskinderkrippe. Mittags gingen wir ins Getriebewerk essen. Dort hatte ich diesen Mann gesehen. Kurze Locken, ein hübsches Gesicht, eine gute Figur und dabei eine sympathische Ausstrahlung. Ich war ihm nicht gleichgültig. Das merkte ich jeden Mittag an seinen Blicken. Eine weitere Begegnung gab es dann noch einmal, als ich auf der Straße vor den Brandenburger Verkehrsbetrieben zwei Kinder mit dem Roller auf die einbiegende Straßenbahn zurasen sah. Ich hielt sie fest. Dieser Mann kam angelaufen und bedankte sich vielmals. Seine Frau war Hebamme. Ich erinnere mich, dass sie rote Haare hatte. Heute hoffe ich, dass diese Leute mein Buch lesen und sich schämen, mit welchen Diensten sie sich ein Zubrot verdient haben.

Dieser Mann wollte nun von mir wissen, welche Kleidungsstücke und persönlichen Dinge unserem Gastkind Zoltan gehörten, das vier Wochen bei uns bleiben sollte, aber nun, nach unserer Verhaftung, mit Berthold und Wulli ins Kinderheim gekommen war. Ich wusste natürlich überhaupt nichts. Die letzten Tage waren zu schrecklich. Ich konnte mich an solche Nebensächlichkeiten einfach nicht erinnern, sagte nur: »Sie hier? Dann sind Sie ja von der Stasi. Und Ihre Kinder habe ich vor dem Überfahren gerettet.« Ich sah ihn vernichtend an und fragte: »Wie kommt Zoltan nach Budapest zurück?«

Das schien er nicht zu wissen. Zoltan wurde in einem Flugzeug als einziger Passagier nach Budapest zurückgeschickt. Ich hörte später, dass in Ungarn festgenommene Republikflüchtlinge mit Sondermaschinen in die DDR zurücktransportiert wurden. In einer solchen Maschine auf dem Rückflug wird Zoltan gesessen haben.

Der zweite Sprecher mit »draußen« war wunderbar für mich. Detlef B. aus Brandenburg besuchte mich. Er und seine Frau Jutta sind unsere Freunde. Detlef saß vor mir, wie aus einer anderen Welt, gesund und strahlend. Ich kam mir so hässlich vor in meinem blauen Trainingsanzug. So unmöglich gekleidet hatte er mich noch nie gesehen. Der Trainingsanzug hatte am Kragen ein kleines gelbes Blümchen. Das war der Anzug für die Sprecher mit »draußen«. Als ich eintrat, stand er sofort auf und wir fielen uns in die Arme. Bis der Vernehmer sagte: »Umarmen ist nicht erlaubt.« Ich schluckte die Tränen runter.

Detlef war gekommen, um unsere finanziellen Dinge zu regeln. Mein Mann hatte ihm schriftlich die Vollmacht übertragen, unsere Sparbücher und die meiner behinderten Schwägerin an meine Schwester Anita zu übergeben. Er bestätigte mir, dass unsere Kinder bei meiner Schwester und meinem Schwager in Greifswald waren. Endlich hatte ich Gewissheit über unsere Jungen! Aber ich war auch enttäuscht, dass sie nicht an unserem bisherigen Wohnort bleiben durften, nicht weiter in ihre Schule gehen durften, die Umschulung in Kauf nehmen mussten. Auch Musikschule und Kirche mussten sie wechseln – und das alles durch »unsere Schuld«.

Unser Freund brachte eine ganze Tasche voll herrlicher Dinge mit, angefangen mit Obst, über Süßigkeiten und Kosmetik. Letzteres durfte man in der U-Haft noch haben, in Hoheneck, meiner nächsten Sta-

tion, war das nicht erlaubt. Zu meinem dritten Sprecher mit »draußen«
führte man mich in einen sehr sauberen Raum, der natürlich vergittert
und abgeschlossen war. Ich hatte wieder einen blauen Trainingsanzug
mit einem Blümchen anzuziehen. Dann ließ man mich schmoren. Mein
Herz raste, mein Gesicht glühte. Abgeschirmt von allen und allem
brachte mich die kleinste Abweichung vom täglichen Ablauf vollends
durcheinander. Die Zeit des Wartens erschien mir ewig. Ich machte
Gymnastik, sagte ein Gedicht auf, grübelte und grübelte, wer wohl da
sein könnte. Endlich wurde ich aus der Zelle geholt. »Geh'n Se.« Ich
musste rechts über den Hof und dort sollte ich eine große Tür öffnen.
Das verwirrte mich so sehr, dass ich sie fast nicht aufbekam. Dann sah
ich plötzlich meinen Schwager. Er stand an die Wand gelehnt und unterhielt sich mit einem meiner Vernehmer. Anstatt auf ihn zuzulaufen
und ihn zu begrüßen, nickte ich ihm nur schüchtern zu und ging den
befohlenen Weg zu meiner Schwester Anita, bei der die Kinder untergebracht waren. Ich war fix und fertig, als ich wieder in die Zelle kam.

Kurz vor Weihnachten hatte ich dann noch einen Sprecher mit meiner Mutter und meiner Schwester Anita. Doch meine älteste Schwester
Rita hatte keine Besuchserlaubnis bekommen. Sie war auch angereist,
saß nun draußen und hat mir später erzählt, wie schlimm es für sie war,
mich nicht sehen zu dürfen.

Ich musste sofort weinen, als ich meine Mutter sah. Sie hatte selbst
gebackenen Stollen und Plätzchen mitgebracht, auch Kaffee in einer
Thermosflasche und eine kleine Blaudruckdecke, auf der all die Kostbarkeiten standen.

Meine Mutter bekam von mir keine Post, da ich nur einmal wöchent-
lich meinen Kindern und Dietrich schreiben durfte. Sie glaubte, meine
Schwester Anita hätte das so eingefädelt. Sie war verzweifelt und fragte
immer wieder: »Warum schreibst du mir nicht, ich bin doch deine Mutter.« Wenn ich ihr antwortete: »Ich darf nicht«, sagte der Vernehmer:
»Wenn Sie sich nicht richtig unterhalten, muss ich den Sprecher abbre-
chen. Sie dürfen nichts über Ihre Haft sagen.«

Es war erschütternd zu sehen, dass meine Mutter meine Situation
als Häftling mit den strengen Beschränkungen des Briefverkehrs überhaupt nicht verstand.

Ich hatte meiner Mutter in einem der Briefe an meine Schwester einen
Teppich versprochen, so wie ich allen Verwandten etwas von unseren
Sachen überlassen wollte. Meine Mutter erzählte mir nun vorwurfs-
voll, dass meine Schwester ihr den nicht geben würde. Doch meine
Schwester und mein Schwager hatten sich um wichtigere Dinge als ei-

nen Teppichtransport zu kümmern. Sie kamen von Greifswald nur selten nach Brandenburg, und wenn, war das Auto mit ihnen und unseren Kindern voll besetzt. So gab es Missverständnisse und Verletzungen unter den nächsten Verwandten, wie man sie sich schlimmer nicht vorstellen kann. Aber solche Konflikte kamen der Stasi sehr gelegen. Die Gefangenen wurden zermürbt, ohne dass sie etwas dazutun musste.

Einerseits tat mir meine Mutter leid, auf der anderen Seite ärgerte mich ihre Uneinsichtigkeit sehr. Ich hatte mich so auf den Sprecher gefreut, doch es ging in dieser halben Stunde nur um Nebensächliches, und ich drängte sie beide, mir doch bitte etwas von den Kindern zu erzählen! Ich wurde immer aufgeregter, weil die Zeit verflog, und ich nicht annähernd das zu hören bekam, was ich unbedingt hören wollte. Sie redeten mir nicht schnell genug und berichteten mir nicht genau genug. Vor Aufregung bin ich in dieser halben Stunde fast verrückt geworden. Und schon war alles vorbei. Und so hoffte ich nun wieder auf den nächsten Brief oder einen Sprecher mit »draußen«.

Ich ging mit einer Tasche voll herrlicher Mitbringsel zurück in die Zelle. Es waren mehr Geschenke als erlaubt, aber diesbezüglich waren die Kontrollen in der U-Haft großzügig. Meine Mutter hatte auch Koteletts gebraten. Voller Heißhunger hatte ich im Besuchsraum hineingebissen. Da fiel mir ein, dass Dietrich sicher hungriger war als ich. Zu ihm kämen sie auch noch, dachten meine Mutter und meine Schwester. Aber das gestattete der Vernehmer nicht.

Nach dem Sprecher mit »draußen« besaß man plötzlich Schätze: Kosmetik, Kekse, Süßigkeiten und Obst. Damit versüßten wir uns die Nachmittage. Wann der nächste Sprecher sein würde, wussten wir nicht und so gingen wir sorgfältig und sparsam mit den Mitbringseln um, aßen jeden Tag nur ganz wenig davon. Als ich mit Hanne zusammen saß, sagte sie immer so gegen 15 Uhr: »Hallo Frau Sommer, ich lade Sie zum Kaffee ein.« Frau Sommer kannte man aus dem Westwerbefernsehen. Hanne rauchte dann eine Zigarette zum Muckefuck, wir saßen mit angezogenen Beinen auf der Pritsche an die Wand gelehnt und genossen diese kurze Zeit der Täuschung – ein bisschen Normalität wollte man sich vorspielen.

Sprecher mit drinnen

Erst nach vier Wochen Haft sah ich Dietrich wieder. Obgleich man mir gesagt hatte, dass wir uns nicht berühren dürften, stürzte ich sofort auf ihn zu und umarmte ihn. Er flüsterte mir zu, ich solle sagen, dass er mich zur Fahrt nach Jena überredet hätte. Doch ich hatte schon fast alles beim ersten Verhör in Potsdam ausgesagt, weil ich glaubte, dadurch schneller entlassen zu werden. Wir saßen uns an einem Tisch gegenüber. Der Vernehmer saß an der Stirnseite. Wir durften nicht über unsere sogenannte Tat sprechen, auch nicht über unseren Ausreiseantrag und nicht über Anwälte. Alles was uns auf der Seele brannte, war nicht erlaubt. Unmittelbar vor unserem zweiten Sprecher waren meine Mitgefangene und ich gerade aus der Dusche gekommen. Ich trat aus der Zelle, hatte nur den Trainingsanzug an und extra keine Wäsche daruntergezogen. Ich wünschte mir so sehnsüchtig eine Berührung. Schnell umarmte ich meinen Mann und bat ihn, mir unter den Trainingsanzug zu fassen. Der Vernehmer herrschte uns an: »Lassen Sie sofort los!« Wir bekamen ein Kännchen Kaffee.

Saubermachen nach Umzug in andere Zelle

Meine Mitgefangene und ich mussten mal wieder in eine andere Zelle umziehen. Der Grund war mein Lachen. Ich hatte meinen Mann unten in der Zelle trampeln und husten gehört und antwortete mit lautem, anhaltendem Lachen vor dem herausgezogenem Brett unter den Glasbausteinen. Die Tür wurde aufgerissen. Der Schließer schrie: »Sachen packen!«

Sachen packen hieß, die kariert bezogene Wolldecke, das harte Kopfteil und die Schüssel, in der sich eventuell ein bisschen Obst oder einige Tomaten befanden, mit der zweiten Wolldecke zu umhüllen und zu verknoten. Das Bündel nahm man auf und dann ging es in eine andere, oft völlig verdreckte Zelle, wenn diese vorher mit Männern belegt gewesen war. Die Wände hatten einen Ölanstrich, und der war vom Raucherqualm ganz braun und klebrig, die Toilette, das Waschbecken, der Fußboden waren verdreckt. Wir klopften an die Klappe, baten um Wassereimer, Lappen, Schrubber, Besen und Putzmittel. Den Schrubber bekamen wir nicht. Wir sollten auf dem Fußboden kriechen. Auch den Besen bekamen wir nicht, sondern nur Müllschippe und Handfeger. Doch jetzt, nachdem wir schon einige Wochen eingesperrt waren, spürte ich die Erniedrigung nicht mehr. Wir waren froh, etwas tun zu können und fingen sofort an, die Zelle unter Wasser zu setzen. Zwischendurch versuchte ich zu den neuen Zellennachbarn Kontakt zu knüpfen und klopfte leise an die Wand, was auch meist prompt erwidert wurde.

Einkauf

Alle 14 Tage kam ein Schließer und fragte, was wir einkaufen wollten. Ich machte mir überhaupt keine Gedanken, von wem das Geld für den Einkauf kam und bestellte die angebotenen Waren. Da ich im Juli inhaftiert worden war, gab es Tomaten und etwas später Birnen. Die Tomaten waren herrlich, denn wir hatten immer Durst, und so teilten wir sie uns ein. Wir vermuteten, dass der Durst von dem Zeug kam, das sie uns wahrscheinlich in den Kaffee mischten.

Unter der Pritsche hatte jede Gefangene ihre Plasteschüssel. Darin lagen die eingekauften Schätze. Nachdem wir die Bestellung für den Einkauf aufgegeben hatten, mussten wir meist zwei, drei Tage warten, bis der Schließer mit seinem Wagen kam. Es war herrlich, die Dinge in Empfang zu nehmen und selbst darüber bestimmen zu können.

Nach Monaten, als ich das erste Mal den Vertreter von Rechtsanwalt Vogel, Rechtsanwalt Horn, sah, erzählte dieser mir so nebenbei, dass mein Schwager aus Kiel jeden Monat 50 DM für uns zur Verfügung stellte. Das hatte ich nicht gewusst. Jetzt war mir klar, wovon ich meinen Einkauf bestreiten konnte, und ich war meinem Schwager sehr dankbar.

Briefe

Jede Woche bekamen wir ein Blatt Papier und einen Kugelschreiber, um entweder nach draußen oder an den ebenfalls inhaftierten Partner zu schreiben. Diese eine Adresse nach draußen konnten wir frei wählen. Für mich war es selbstverständlich, an unsere Kinder zu schreiben. Ich wählte also die Adresse meiner Schwester. In der darauffolgenden Woche schrieb ich dann an meinen Mann. In die Briefe, die in der U-Haft hin und her gingen, konnte man alles schreiben, was einen bedrückte oder ärgerte. Man hatte jedenfalls den Eindruck, dass es niemanden störte, was man schrieb. Mein Mann schrieb mir einmal, dass um neunzehn Uhr immer ein Flugzeug über den Knast nach Stockholm fliegen würde, und ob sich nicht unsere Gedanken unter den Glasbausteinen treffen könnten. Oder ob ich meinte, dass das »Kontaktaufnahme zu fremder Macht sei«? Oder er schrieb: »Der Herr hat's gegeben, der Herr hat's genommen, der Name des Herrn sei gelobt.« Niemand hat uns daraufhin angesprochen.

Doch wenn wir nach draußen schrieben, wurde alles akribisch kontrolliert und so manchen Brief bekam ich zurück, ohne dass mir gesagt wurde, was darin nicht erlaubt war. Es wurde nur ganz lapidar gesagt, dass irgendetwas nicht genehm sei. Über unsere sogenannte Straftat durften wir selbstverständlich nichts verlauten lassen. Einmal sagte man mir, der Briefbogen sei zu eng beschrieben. Wenn ich das nicht ändern würde, würden meine Briefe in Zukunft nicht weitergeleitet werden. Aber sie gaben mir doch nur eine Seite pro Woche.

Das Briefeschreiben an unsere Kinder oder an meinen Mann war wunderbar für mich. Wir bekamen den Zettel mit einer Unterlage in die Zelle gereicht und hatten zwei Stunden Zeit zum Schreiben. Ich setzte mich auf die Pritsche, lehnte mich mit dem Rücken an die Wand und schrieb mit meiner schönsten Schrift und ganz klein, damit ich möglichst viel auf diese eine Seite bekam. In den Brief an meine Kinder und an meine Schwester musste ja so viel an organisatorischen Dingen hinein, weil wir glaubten, dass die Stasi unsere Wohnung ausräumt und unser Hab und Gut beschlagnahmt. Ich schrieb, was sie für die Kinder aus der Wohnung holen sollten, damit sie versorgt seien. Immer wieder fiel mir etwas Neues ein.

Ganz zu Anfang unserer Haft durfte ich einen Brief an unsere Freunde in Brandenburg schreiben, die unseren Wohnungsschlüssel hatten. Ich bat sie, unseren Teppich hochzunehmen, damit keine Motten reinkämen. Außerdem sei es sicher schon schmutzig in der Wohnung. Unter dem dicken Tischbein im Wohnzimmer lag eine Mappe mit wichtigen Papieren, die von der Stasi nicht gefunden werden durften, unter anderem ein Brief an den damaligen bayerischen Ministerpräsidenten Strauß mit unserem Ausreiseantrag. Deswegen hätte man uns womöglich wegen Agententätigkeit angeklagt. Unsere Freunde haben die Mappe verbrannt.

Was mich Tag und Nacht beschäftigte und worüber ich mich gerne ausgetauscht hätte, durfte ich in den Briefen an meine Kinder nicht erwähnen. Ich litt sehr darunter, dass so viele Fragen offenblieben. Ich durfte ihnen schreiben, dass ich hoffte, bald wieder bei ihnen zu sein, dass ich mich so sehr freute, wie gut sie sich in der Schule eingewöhnt hatten, dass sie weiter zur Musikschule und zur Kirche gingen, dass sie Freunde gefunden hatten, dass sie sich bei meiner Schwester wohlfühlten und regelmäßig schrieben. Im Grunde genommen wiederholte ich alles, was in ihren Briefen stand. Um diese liebevollen Briefe beneideten mich meine Mitgefangenen, denn welches neun- oder 13-jährige Kind will alle 14 Tage einen Brief schreiben. Und sie schrieben immer so interessant und lustig.

Liebe Mami! 2.9.83

Gestern war ja der erste Schultag. Ich habe erst ein bischen geweint aber dann ging es wieder.

Meine Klasse ist sehr nett. ... Gestern waren wir auch in der Musikschule mit der Klarinette wird es klappen. ... Am Wochenende sind wir nach Brandenburg gefahren und sind bis Dinstag dageblieben ich habe alle meine Freunde besucht aber keiner war da. Wir haben schon die Betten von uns in Svens Zimmer gestelt. ... Wir haben auch schon Flaschen und Gläser weggebracht. Die Altstoffannahmestelle ist ganz toll. Man packt die Flaschen u. Gläser in Körbe und rollt die Körbe auf Rollen zum Annehmer der zählt sie dann und schibt sie nach hinten. Wir haben 12,20 M gekrigt.

Dein Wulli schenckt dir viele Küsschen

Liebe Mami! 2.9.83

Vielen Dank für Deinen Brief. Wir haben uns wirklich sehr gefreut. Zum Glück ging gestern die Schule wieder los. Sie verschafft einem Abwechslung und Ablenkung. Die Nacht vor dem Schulbeginn waren wir etwas aufgeregt und konnten schlecht schlafen. ... Ich gehe jetzt in die 8a der Iwanow-[P]OS. Vor Schulbeginn war noch Fahnenappell. Die Klasse stand schon draußen als ich hingeführt wurde. Ich habe mich sofort bei meinen neuen Klassenkameraden nach Lehrern usw. gefragt und habe so schnell Kontakt gefunden. Bei Wulli klappte das nicht so auf Anhieb. Er fing erstmal an zu weinen, weil er es alles auf einmal so traurig fand. ...

Viele Grüße auch an Papi, alles Gute und Kraft, Optimismus, Ausdauer und viel, viel Hoffnung

Dein Berthold (Eckbert oder Elwot)

...

Liebe Mami! 9.9.83

Heute hate ich sechs Stunden. Ich habe in Musik meine erste 1 gekricht. ... Ich habe seit Montag Klarinettenunterricht und muß jetzt ganz komisch Atmen üben. ... Ich heiße jetzt »Wulli Mc Dulli« von Gehrhart so benannt. ... Das Atmen geht so: Mann legt sich auf den Rücken und legt sich ein Buch auf den Bauch und Atmet schnell ein und langsam und pressent aus. Im Bauch muß es fest sein. Siehe Zeichnung. Probier es doch auch ein mal dann wirst du sehen das es ganz schön anstrengend ist. Ich krige keine Klarinette wenn ich nicht Atmen kann.

Dein Wulli

Liebe Mami!   *Greifswald den 22.9.83*
Vielen Dank für Deinen Brief und Papis Briefchen. Es ist immer ein schöner Tag, wenn man von der Schule kommt und ein Brief von Euch da ist. ... Da habe ich mich nach dem Essen gleich hingesetzt und alles durchgelesen. Aber mit der Zeit pegelt sich alles ein und man weiß nicht mehr so viel zu schreiben, daß merkt man ja auch an Euren Briefen (nicht mehr so eng geschrieben). Das was Papi schreibt tut mir ja sehr leid, wir haben in euren Briefen (1 an Papi, 1 an Dich) fast das selbe geschrieben, weil uns nichts mehr einfiel. Dadurch, daß du die Briefe an Papi weitergeleitet hast, hattest du keinen Brief und Papi 2 gleiche. Leite also die Briefe bitte nicht weiter, wir werden auch weiterhin an Euch beide einzeln schreiben. ...
Viele liebe Grüße und verliert nicht die Hoffnung irgendwann werden wir wieder zusammensein
Dein Berthold

Lieber Papi, liebe Mami!   *12.10.83*
... In der Christenlehre haben wir gerade Moses, wie er mit den Israliten aus Ägibenten weggeht und in das Land geht das Gott für sie ausgesucht hat (ich hatte es ja schon mal in vorigem Jahr in der Christenlehre deshalb weiß ich gut bescheit)
Viele Küsse von eurem Wulli Mc Dulli
P.S. Ihr kennt die Geschichte von Moses ja und wenn Du Mami die Bibel hast kannst du sie ja auch nachlesen.

Ich habe nie eine Bibel bekommen, obgleich ich oft darum gebeten habe.

Liebe Mami, lieber Papi!   *18.11.83*
Heute haben wir wieder Eure beiden Briefe bekommen. Sie kommen fast immer Freitag/Sonnabend.
Vorigen Sonntag waren wir nun nach Stralsund. ... Ungefähr 14.00 Uhr war dann die Eröffnung des Friedensforums durch Pfarrer Glöckner (oberster Pfarrer in Greifswald) und anschließend ein Podiumsgespräch mit Pfarrern, Pröbsten und ganz normalen Christen sowie einem Gast aus Schweden. Sie äußerten ihre Ängste und Vorschläge was jeder einzelne zum Frieden tun kann. Anschließend wurde in Gesprächsgruppen aufgeteilt, wir Konfirmanden gingen in die Friedenswerkstatt. Es war so ähnlich wie in Berlin-Erlöserkirche. Ich habe mir ein Poster, Aufnäher und Aufkleber mitgebracht. ...

Viel Mut und Kraft für die Verhandlung, wir sind am 24.11. immer
in Gedanken bei Euch
Euer Berthold

Lieber Papi, liebe Mami!   *27.11.83*
Erstmal will ich Euch schreiben, daß die beiden Briefe von Euch (19.
u. 20.11.83) wieder pünktlich eingetroffen sind. Liebe Mami besonders
doll habe ich mich darüber gefreut, daß doch Hoffnung für mich zu
einem Besuch besteht. Wir werden den Text zur Besuchserlaubnis noch
heute abend aufsetzen und morgen schreibt in T. Anita mit Schreibma-
schine ab und schickt ihn ab. ...
Viele liebe Grüße, ich hoffe auf Besuchserlaubnis
Euer Berthold

Lieber Papi!
Vielen Dank für die Briefe von Euch. Am Sonntag hat T. Anita durch
uns erfahren, daß Oma Euch besuchen darf und wir haben uns natür-
lich sehr für Oma gefreut. Am Mittwoch rief uns dann Oma, von der
Reise zurückgekehrt an, und sagte, daß man ihr mitgeteilt hatte das
T. Anita und O. Dieter euch nicht mehr besuchen könnten, da nur ein
Besuch im Monat möglich sei. Das warf natürlich unsere ganze Pla-
nung fürs Wochenende über den Haufen, da sich auch die anschließende
Fahrt nach Brandenburg erübrigte.
Viele liebe Grüße und bleibe lustig und optimistisch, wie wir
Dein Berthold

Liebe Mami, lieber Papi!   *7.10.83*
... Am Dienstag (11.10.83) spiele ich bei der Elternaktivwahl mein
Haydnkonzert vor. ... Am Dienstag (auch 11.10.83) um 15.00 Uhr
nehme ich an der Mathe-Olympiade von 3 Schulen teil. Drückt mir die
Daumen.
Viele liebe Grüße, macht Euch keine Sorgen uns geht es gut und wir
sind lustig und toben hier viel rum. Irgendwann werden wir uns mit-
einander freuen und lustig sein. Nutzt auch diese Tage des Lebens aus,
denn man hat nur das eine.
Euer Berthold

Liebe Mami, lieber Papi! 11. 11. 83
Nun ist die Woche wieder um und ich kann Euch wieder schreiben.
Leider haben wir in dieser Woche keine Post von Euch bekommen. ...
Vom 7. November – 16. November ist jetzt Friedensdekade der Kirche
»Frieden schaffen aus der Kraft der Schwachen«. ... Wir sind jetzt völlig
an die neue Umgebung gewöhnt und haben Freunde gefunden, habt
immer Hoffnung.
Euer Berthold

Liebe Mami, lieber Papi! 18.11.83
In Anklam war es ganz toll wir waren im Museum und haben ein
Topf von Oma abgegeben. Wir haben viel Ferngesehen da hat es auch
schon geschneit. Bei Euch auch? ...
Euer Wulli

Liebe Mami! Leipzig, d. 6.1.84
Nun ist es ja schon mehr als eine Woche her, daß ich Dir geschrieben
habe. ...
Seit Sonnabend sind wir nun schon in Leipzig und spielen viel Tisch-
tennis. Phili ist der große Star den alle lachen sehen wollen. ... Heute
waren wir mit ihm im Zoo. Auch in dem stinkigen Löwenhaus (kannst
du dich noch erinnern)?
Vielen Dank für die ganz niedliche Raupe und die noch niedlichere
Maus. So süße Tierchen habe ich noch nie gesehen.
Viele liebe Grüße, wir denken oft an Dich
Dein Berthold

Liebe Mami!
Vielen, vielen Dank für das schöne Stoffmännchen. ... Z.z. sind wir
in Leipzig bei Phili.
Viele liebe Grüße und Küsse
Dein Wulli Mc Dulli
P.S. Ich habe nur 2 zweien auf dem Zeugnis sonst alles 1.
(Bin der beste)

Meiner Schwester Anita bin ich unendlich dankbar. Sie hielt unsere bei-
den Kinder immer wieder zum Schreiben an. Der Brief unseres Sohnes
Berthold vom 22.9.83 zeigt deutlich, wie die Stasi Briefschreiber und
Briefempfänger in Unkenntnis ließ. Weder unsere Kinder noch meine
Schwester Anita, die eine Schreiberlaubnis hatte, und schon gar nicht

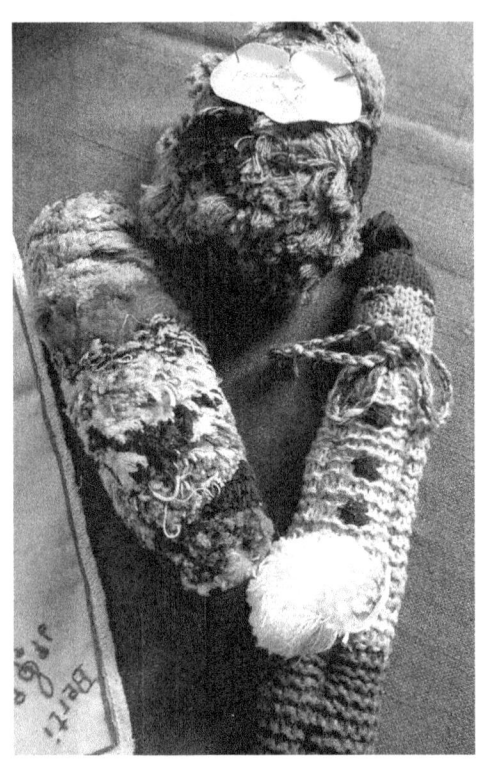

Gestricktes Stoffmännchen

wir, die Inhaftierten, konnten Einfluss darauf nehmen, wer die von der Stasi kontrollierten Briefe bekam oder an wen sie weitergeleitet wurden. Ich hätte in meinen Briefen an sie so gerne über die Haftbedingungen gesprochen oder darüber, wie schwer mir die Trennung von ihnen fiel. Was mussten unsere Kinder von mir denken, weil ich in keinem Satz traurig klang. Auch dass ich Dietrich, ihren Vater, eventuell nur alle vier Wochen sah und dann auch maximal für eine halbe Stunde. Ich litt darunter, dass ich jeden Tag nur ein paar Minuten in den Freikäfig kam, obgleich es Freistunde hieß. Es brannte mir in den Fingern zu schreiben, dass ich so selten zum Vernehmer geholt wurde. Es wurde behauptet, der wäre im Urlaub.

Ich hätte schreiben wollen, dass ich nicht weiß, wann ich herauskomme. In den ersten Wochen wusste ich nicht mal, dass es zu einem Prozess kommen würde. Ich wusste auch nichts von einem Rechtsanwalt Vogel, der sich für uns verwenden sollte. Welchen Anwalt ich bekommen könnte und würde, war mir aber auch nicht erlaubt zu fragen. Im Gegenteil, mir wurde während eines Verhörs, als ich nach einem Anwalt fragte, gesagt: »Das haben Sie wohl in einem schlechten amerikanischen Film gesehen.« Mit einem Häftling und dazu noch einem politischen, konnte man in der DDR ganz willkürlich umspringen und brauchte ihn über nichts in Kenntnis zu setzen. Mir blieb also nichts weiter, als unseren Jungen zu beteuern, dass es mir gut ginge und ich Sehnsucht nach ihnen habe, dass ich sehr ausgeruht sei, da ich viel schliefe. Vielleicht konnten sie daran erkennen, dass ich nicht arbeitete. Aber dass mir vom vielen Sitzen schon die Knochen wehtaten, durfte ich nicht schreiben. Alles wurde genau gelesen und zensiert.

In den wöchentlichen Briefen an Dietrich durfte ich dagegen sogar fragen, ob er krank sei, weil er so viel huste.

Schergen im »Lindenhotel«

Goldzähnchen, Sächsin, die Schöne, Opi, der Rothaarige, der Boxer und Schnattchen – das waren die Spitznamen der Schließer, so wurden sie im »Lindenhotel« Potsdam genannt. Sie arbeiteten im Schichtdienst, hatten ab und an ein paar Tage frei. Auf diese Weise musste man die unsympathischen Schließer nicht ständig ertragen. Der erste, mit dem ich in meinem Knastleben Bekanntschaft machte, war Opi – ein gebeugter, kleiner Mann, den ich weit über 60 schätzte. Er lispelte und sprach ganz verwaschen und sagte sofort: »Auszieh'n und schlafen dürfen Se nich am Tag!«

Die Sächsin war eine hagere Frau von etwa 50 Jahren, die ihre energischen Befehle in bestem Sächsisch erteilte. In meiner ersten Nacht war sie es, die alle fünf Minuten das Licht anschaltete und durch den Spion guckte. Mein Kopf platzte fast und ich schrie sie an, dass sie das Licht aus lassen solle, aber sie hörte nicht.

Schnattchen war der umgänglichste und netteste Schließer. Er war etwas über 40, beleibt und gesprächig. Er nahm jede Gelegenheit wahr, um ins Gespräch zu kommen. Es interessierte ihn natürlich, was man gemacht hatte, und ich selbst wollte auch wissen, wie lange man hier wohl im »Lindenhotel« aushalten müsse. Er war der Schließer, der mich als Erster »Nummer 39« genannt hatte. Er schloss die große scheppernde Gittertür auf. Dieses Geräusch habe ich noch heute im Ohr. Und als ich den Gefängnistrakt betrat, rief ich: »Das ist ja wie im Film.« Dann stand ich vor der Zellentür, mit dem Gesicht zur Wand, wie er es angeordnet hatte. Er schloss die Tür auf und ich sagte laut und vernehmlich: »Jetzt brauche ich noch meine Nivea-Creme, das Tosca-Parfüm und meinen Lippenstift.« Daraufhin lachte er schallend.

Später fragten Mitgefangene, ob ich aus dem Westen sei, denn sie hatten gehört, was ich verlangt hatte. War von mir die Rede, hieß es: »Das ist Heide aus dem Westen, die traut sich was.« Einmal sagte ich diesem Schließer, dass er eigentlich auch Gefangener sei, und das auf Lebenszeit. Wir wüssten, irgendwann würden wir entlassen und kämen in den Westen. Als mein Prozessdatum feststand, fragte ich nach dem Gefängnis, in das ich käme, und dass ich mich freute, wenn das hier vorbei sei.

»Da freuen Se sich mal nich druff. Da jeht et erst mal richtig los«, sagte Schnattchen. Ich wusste zwar nicht, was er damit meinte, dachte mir aber, dass es dort hart würde.

Goldzähnchen war ein Draufgänger. Sein Markenzeichen war ein Goldzahn. Er war jung, fröhlich und immer darauf aus, durch den Spion zu gucken, wenn wir uns auszogen. Er hatte ein Auge auf Biggi geworfen, und sobald sie anfing, sich zu waschen, hörten wir es klicken, und Goldzähnchens Auge war zu sehen.

Der Rothaarige war ein Fieser. Er hatte uns abends beim Beten angefahren und gesagt: »Der hilft Ihnen och nich.« Er schnauzte, wenn man nur ein Wort sagte, wenn man von ihm irgendwohin geführt wurde, sei es zum Vernehmer, zur Freistunde oder zum Sprecher. Eines Mittags schloss er auf und sagte: »Komm' Se.« Ich sagte daraufhin, dass er die Tür zumachen solle, da ich erst auf die Toilette gehen und mich kämmen müsse. Widerwillig schloss er die Tür und wartete davor. Die Schließer kamen nie in die Zelle. Sie hatten Angst, es könnte ihnen etwas passieren. Man hatte sich auch sofort zum »Fenster« zu begeben, wenn die Tür aufgeschlossen wurde. Als ich dann an diesem Tag heraustrat, sagte ich ihm, dass er mir meine Würde nicht nehmen könne.

Von der »Schönen« ist nicht viel zu sagen. Sie war vollbusig, schwarzhaarig, hatte weiße Haut und immer knallrote Lippen. Sie tat blasiert und arrogant.

Der »Boxer« hatte eine abgeplattete Nase und trug meist ein grasgrünes Unterhemd. Er war ein sportlicher Typ und umgänglich.

Dann gab es noch den Fotografen, der uns, als wir mit dem Barkas angekommen waren, fotografiert und die Fingerabdrücke abgenommen hatte. Wie der gemeinste Verbrecher musste man sich auf einen Stuhl setzen und wurde von links, von rechts und von vorn fotografiert. Ein weiterer Schließer gehörte wohl zu einer höheren Charge. Er war selten da, sah immer tadellos gepflegt aus, war mittelgroß, hatte dunkle Haare und eine weiße, glatte Gesichtshaut. Er benahm sich mir gegenüber korrekt.

Falls man in der Schüssel unter der Pritsche noch eine Tomate aus dem Einkauf hatte, sagte man das dem Schließer, der das Abendbrot austeilte, und der einem dann sogar Pfeffer und Salz auf die Tomate streute. Dazu musste man die Tomate durch die Klappe halten. Gewürze wurden nie in die Zelle gegeben. Die Schließer hatten Angst, damit angegriffen zu werden. Manchmal kamen die Schließer vor dem Abendbrot und fragten, ob wir einen warmen Rest haben wollten. Das waren die Reste vom Mittagessen der Schließer. Es schmeckte so gut, dass ich dieses Angebot immer annahm.

Die Abendstunde als Fernsehersatz

Zum wiederholten Male hielten die schleichenden, boshaft anmutenden Schritte vor unserer Zellentür ein. Langsam öffnete sich der Spion – das Glotzauge erschien. Meine Hände, meine Arme, mein ganzer Körper wurden steif unter diesem stur starrenden Auge. Mir wurde fast übel vor Angst, denn jetzt erschallte ein lautes: »Hör'n Se uff zu kloppen, sonst passiert wat.« Die Schritte entfernten sich, schon knallte der Schlüsselbund an eine andere Zellentür und dieselbe Stimme schrie: »Erwisch ick euch noch mal beim Kloppen, dann hol ick euch raus.«

Doch ich war wie besessen und hatte so darauf gewartet, dass es Abend wurde und die Wachen schlechter besetzt waren. Um 21 Uhr wurde das Licht in den Zellen gelöscht. Mit einem zarten, nur mit dem Fingernagel ausgeführten Klopfen versuchte ich mit dem Nachbarn aus der anderen Zelle ins Gespräch zu kommen. Den darunter Liegenden musste ich schon mit einem harten Klopfen des Zeigefingerknöchels zum »Gespräch« ermuntern und bald war der ganze Zellentrakt ein klopfendes Gebilde.

Ein lauter Tarzanschrei ertönte, jemand schrie einen Frauennamen und »Ich liebe dich«, ich lachte laut und furchtbar und einige antworteten hustend. Ich hoffte, dass es Dietrich sei, der sich zu husten traute. Oft pfiff er sogar einen Song von ABBA, den wir beide so gerne hörten, »I have a dream«. Das dauerte alles nur ein paar Minuten, dann knallten die Schlüssel wieder und eine Stimme schrie: »Ruhe!« Plötzlich, Totenstille.

Das »Fernsehprogramm«, wie ich es nannte, war zu Ende. Eine schrecklich lange Nacht stand mir bevor.

Nagelschere

Etwa alle 14 Tage fragte der jeweilige Diensthabende durch die Klappe, ob man eine Nagelschere haben wolle. Diese blieb dann ungefähr zwei Stunden bei uns in der Zelle. Nagelschneiden war schnell erledigt und dann waren die Haare dran. Wenigstens ein bisschen Gepflegtheit brauchte ich für mein Selbstbewusstsein. Ich beschnippelte jedes Mal meine Haare, bis ich mich als gutaussehend empfand. Dafür setzte ich mich zuerst unter die Klappe, dicht an die Zellentür und begann dann meine Haare zu kürzen. Man durfte ja keinesfalls gesehen werden. Bei einer solchen Gelegenheit war ich mit Hanne in der Zelle und wir kicherten wie verrückt. Nach kurzer Zeit wurde die Klappe aufgerissen und »39« gerufen. Mit der Schere an meinen Nägeln sprang ich auf und sagte, dass sie mir zu Boden gefallen sei. Das ging noch ein paar Mal so weiter, ständig guckte der Schließer durch den Spion. Hanne hatte mittellange Haare, wollte sie nicht so radikal kürzen und brauchte nicht lange. So schaffte ich es, meine Haare einigermaßen gut zu schneiden. Nach der dritten Aufforderung, endlich von der Tür wegzugehen, wurde seine Stimme drohend. Wir mussten die Schere abgeben.

Maske

Bei einem Sprecher von »draußen« war mir irgendwann eine Tube Creme mitgebracht worden, mit der ich mir eine Gesichtsmaske machen konnte. Hanne und ich trugen uns die Creme auf, die auch schon nach kurzer Zeit fest und stramm das Gesicht umschloss. Nach zehn Minuten fassten wir das festgewordene Gel an der Stirn an und zogen es unter lautem Geschrei ganz langsam vom Gesicht. Wir beide jammerten immerzu laut und vernehmlich: »Mir geht die ganze Haut ab! Die müssen uns doch was ins Essen getan haben!« Ziemlich schnell kam der Schließer und fragte wütend, was denn nun schon wieder sei. Auch diese Aktion wurde als Provokation aufgefasst.

Zahnarzt

»Ritze putzen!«

Ich sah mich um, was mit »Ritze« gemeint sein könnte. Der Schließer, der das an der Klappe sagte, war eigentlich immer guter Laune und verhielt sich korrekt, aber jetzt jagte er uns Angst ein. Aufgeregt rannten wir hin und her, überlegten und guckten hinter das geklappte Brett, welches uns als Tisch diente. Dort war eine kleine Ritze. Der »Boxer« bekam fast einen Lachkrampf. Schließlich sagte er: »Zahnarzt, 39 mitkommen!«

Nachdem ich mich gekämmt und die Zähne geputzt hatte, ging es raus auf den Zellentrakt. Ich konnte mich gar nicht mehr erinnern, dass ich darum gebeten hatte, zum Zahnarzt gebracht zu werden. Es war schon etliche Wochen her, dass ich Zahnschmerzen gehabt hatte. Sie waren erträglich. Ich hatte die Schmerzen als Vorwand genommen, um zu einem Arzt zu kommen. Dem wollte ich erzählen, dass mein Mann auch Arzt sei. Vielleicht hätte ich erfahren, wie es ihm geht. Doch das waren Wunschvorstellungen.

Der Zahnarzt begrüßte mich kühl und erklärte mir, dass er hier nur seine ärztliche Pflicht tue und überhaupt nichts für mich tun könne. Er begutachtete die zwei schmerzenden Zähne und meinte, dass sie gezogen werden müssten. Ich war damit nicht einverstanden und sagte ganz entschieden: »Wenn Sie das wagen, Gnade Ihnen Gott. Ich gehe in den Westen und das bald und dann werden Sie eines Tages zur Verantwortung gezogen.«

Er hat die Zähne nicht gezogen.

Gebete

Nach der Verhaftung hatte Dietrich in einem seiner ersten Briefe geschrieben: »Mit Zuversicht und Gottvertrauen werden wir es schaffen.« Jeden Abend betete ich für unsere Kinder und meinen Mann. Für mich erbat ich Kraft, um alles gesund an Leib und Seele zu überstehen. Ich hatte nie in meinem Leben so intensiv gebetet. Alle meine Mitgefangenen beteten auch, doch sie kannten das »Vaterunser« oder das »Glaubensbekenntnis« nicht vollständig. So übten wir regelmäßig zu beten. Und wieder wurde die Klappe aufgerissen. Ein junger Schließer, der als Fiesling bekannt war, sagte hämisch: »Da könn' Se ruhig beten. Der hilft Ihnen och nich.« Wir waren entsetzt über diese widerliche und distanzlose Behandlung. Kaum hatte der Schließer die Klappe geschlossen, kamen schon die Klopfzeichen von nebenan: »Was wollte der von euch?« Selbst das Beten gestand man uns nicht zu, und auch die Bibel, um die ich gebetet hatte, wurde mir vorenthalten.

Cloleer

Wir lagen auf unseren Pritschen, als plötzlich ein wildes Geklopfe an der linken Zellenwand einsetzte. Gespannt hörten wir zu, dann bummerten wir selbst zwei Mal an die Wand. Das hieß: »Langsam, wir sind jetzt aufmerksam.« Wir zählten die Klopfer mit und entzifferten daraus »Cloleer«. Ein solches Wort hatten wir noch nie gehört. Also klopften wir langsam und deutlich: »Noch mal.« Von der anderen Seite kam das erlösende zweimalige Klopfen. Das bedeutete: »Wir haben verstanden.« Sie klopften noch etliche Male »Cloleer« an die Wand, aber wir wussten absolut nicht, was damit gemeint war. Wir legten uns auf die Pritschen und rätselten. Plötzlich hatten wir die Erleuchtung. Die Männer wollten, dass wir das Wasser im Klo ausschöpften, um durch den leeren Abfluss mit uns sprechen zu können. Mir wurde heiß und kalt und meine Hände zitterten vor Aufregung. In unserer Abgeschiedenheit verursachte jegliches Ereignis Herzrasen.

Banny hatte schon davon gehört, dass Gefangene sich über die leere Toilette verständigten. Sie begann sofort, mit dem Ersatzschlüpfer die Toilette zu entleeren. Mir fiel ein, dass noch ein kleiner Pappbehälter mit Kandiszucker in meiner Plasteschüssel war. Warum man mir den gelassen hatte, ist mir bis heute unklar. Sogar das Laubblatt war uns ja weggenommen worden.

Jetzt hatte ich also diesen Pappkarton in der Größe von fünf mal vier mal zwei Zentimetern, setzte mich auf den Toilettenrand und versuchte, die Toilette auszuschöpfen. Zwischendurch steckten wir den Schlüpfer ins Wasser und Banny wrang ihn im Waschbecken aus.

Plötzlich hörten wir ein sagenhaftes Gegrunze aus der Toilette: »Hallo, wie geht es euch?« Es war Volker, den Banny schon kannte. Deshalb durfte sie zuerst sprechen. Er war schon länger unser Nachbar. Von ihm sagte man, dass er bei den Verhören schwieg. Er fragte, wie es Banny gehe. Dann wollte er mich sprechen. Er war wochenlang mit Dietrich zusammen in einer Zelle gewesen. Nun wollte er wissen, ob alles gut vorangehe mit dem Ausreiseantrag. »Ihr habt doch einen?«

Ja, natürlich hatten wir einen. Dann fragte er nach Rechtsanwalt Vogel.

Dieses sogenannte Gespräch fand sehr hastig statt. Wir konnten gar nicht viel sagen, waren total gehemmt von dieser plötzlichen Möglichkeit, sich irgendwie unterhalten zu können. Und als ich mit gespreizten Beinen auf der Toilette saß, um möglichst unauffällig sprechen zu können, wurde die Klappe aufgerissen. Es war der Fotograf. Er schrie: »So tief sind Sie gesunken und einen Ausreiseantrag haben Sie auch?«

Mir wurde glühend heiß. Mein Herz raste noch schneller. »Ja, so tief bin ich gesunken«, sagte ich, »aber nur durch Ihre Schuld!«

Duschtag

Freitag war Duschtag und diesem Tag fieberten wir entgegen, wie allem, was uns die tristen Stunden in der Zelle vergessen ließ. Ich hatte im »Lindenhotel« ja schon in den verschiedensten Zellen gesessen, aber nun hatte man mich und Hanne in eine Zelle gleich neben der Dusche im zweiten Stock gesperrt – als Strafe, weil wir aus dem »Fenster« gelacht und gehustet hatten. Und als wir in diese Zelle kamen, fing ich sofort an zu springen, um unsere Namen nach unten »durchzusagen«. Es gab die verschiedensten Möglichkeiten sich zu verständigen: Helga B.s Ehemann haute mit seinem Ellenbogen eines Abends auf die Wand ein, um seiner Frau Zeichen zu geben, und brach ihn sich dabei.

Zum Duschen gingen die Häftlinge meist zu zweit an unserer Zelle vorbei, versuchten sich dabei bemerkbar zu machen, und sagten zum Beispiel, dass ihnen ein Strumpf heruntergefallen sei. Ganz Mutige sprachen sich mit Namen an.

Hanne und ich saßen auf der Pritsche. Wir hatten ein Buch vor uns und waren bis aufs Äußerste angespannt, um nichts zu verpassen. Kaum waren die Leute in der Dusche, klopften sie ihre Namen durch. Es musste alles sehr schnell gehen, denn wenn der Schließer davon Wind bekam, riss er die Duschraumtür auf. Dann war das Duschen vorbei, bevor es begonnen hatte.

Als man unsere Unternachbarn verlegt hatte, war unsere Verbindung zur »Außenwelt« für Wochen auf die kurzen »Klopfer« mit den Duschenden beschränkt. Eines Freitags passierte allerdings etwas sehr Schönes. Unsere Duschzeit war zu Ende, wir sollten in unsere Zelle geführt werden. Plötzlich standen wir in einer anderen Etage vor einer anderen Zelle. Der Schließer hatte sich geirrt. Anstatt nun in diese Zelle zu gehen und das Durcheinander auszukosten, standen wir hochrot vor den Männern und rührten uns nicht. Wir hatten die Männer auch gleich erkannt: Der eine trug Bart. Es war Volker. Ich hatte mit ihm schon oft geklopft. Dietrich nannte ihn in einem Brief den Graf von Monte Christo. Er hatte geschworen, sich bis zur Haftentlassung nicht mehr zu rasieren. Mit unseren Handtüchern um den Kopf und den nassen Haaren sahen wir nicht gerade attraktiv aus. Im Nachhinein ärgerten wir uns sehr, nicht mehr aus dieser tollen Gelegenheit gemacht zu haben.

Buchausgabe

Alle 14 Tage kam der Bücherwagen. Der Schließer öffnete die Klappe und fragte, ob wir lesen wollten. Dann reichte er die mit großer Spannung erwarteten Bücher herein. Das Spektrum reichte von klassischer Literatur bis zu sozialistischer Propaganda. Da jeder Gefangene drei Bücher bekam, hatten wir zusammen sechs über 14 Tage und das war schon etwas. Besonders freute ich mich eines Tages über »Djamila« von Aitmatow. Diese wunderbare Liebesgeschichte kannte ich schon, las sie aber sehr gerne noch einmal. Ich hatte oft Glück mit den Büchern. Einmal bekam ich ein ganz altes Buch mit Gedichten von Gefangenen, und eines sprach mich so an, dass ich beschloss, es auswendig zu lernen. Ich verstand überhaupt nicht, warum wir solche Bücher zu lesen bekamen und wieso ein Knast für politische Gefangene derartige Bücher auslieh. Ich konnte es mir nur mit mangelndem Interesse der Angestellten erklären.

Das Gedicht war 1789 verfasst worden. Es zeigte starke Parallelen zu meinem Schicksal. Als ich es das erst Mal las, musste ich weinen. Später, beim Einschlafen, freute ich mich schon auf den Morgen, um weiter auswendig lernen zu können. Immer wenn ich dann einen Brief an Dietrich schreiben durfte, schrieb ich eine Strophe mit hinein.

Der Gefangene

(von Christian Daniel Friedrich Schubarth, 1789)

Gefangner Mann, ein armer Mann!
Durch schwarze Eisengitter
starr' ich den fernen Himmel an
und wein' und seufze bitter.

Die Sonne, sonst so hell und klar,
schaut trüb auf mich herunter;
Und kömmt die braune Abendstund;
so geht sie blutig unter.

Mir ist der Mond so gelb, so bleich,
Er wallt im Witwenschleier;
Die Sterne mir-sind Fackeln gleich
Bei einer Totenfeier.

Mag sehen nicht die Blümlein blühn,
Nicht fühlen Lenzeswehen;
Ach! Lieber säh' ich Rosmarin
Im Duft der Gräber stehen.

Vergebens wiegt der Abendhauch
Für mich die goldnen Aehren;
Möcht' nur in meinem Felsenbauch
Die Stürme brausen hören.

Was hilft mir Tau und Sonnenschein
Im Busen einer Rose?
Denn nichts ist mein, ach! nichts ist mein,
Im Muttererdenschoße.

Kann nimmer an der Gattin Brust,
Nicht an der Kinder Wangen,
Mit Gattenwonne, Vaterlust
In Himmelstränen hangen.

Gefangner Mann, ein armer Mann!
Fern von den Lieben allen,
Muß ich des Lebens Dornenbahn
In Schauernächten wallen.

Es gähnt mich an die Einsamkeit,
Ich wälze mich auf Nesseln;
Und selbst mein Beten wird entweiht
Vom Klirren meiner Fesseln.

Mich drängt der hohen Freiheit Ruf;
Ich fühl', daß Gott nur Sklaven
Und Teufel für die Ketten schuf,
Um sie damit zu strafen.

Was hab' ich, Brüder, euch getan?
Kommt doch, und seht mich Armen!
Gefangner Mann! ein armer Mann!
Ach! Habt mit mir Erbarmen!

Beim Lernen dieser Strophen durchmaß ich mit schnellen Schritten die
Drei-mal-zwei-Meter-Zelle und sprach den Text laut vor mich hin. Als
ich gerade sagte: »Was hab ich, Bruder, Dir getan?« wurde der Spion
und gleich auch die Klappe geöffnet. Jovial sagte der Schließer: »Wat
quatschen Se da für'n Mist. Dreh'n Se jetzt schon langsam durch?« Im

Frauenzuchthaus Hoheneck habe ich das Gedicht zu Geburtstagen verschenkt.

Oft interessanter als der Inhalt waren in den Büchern die mit dem Fingernagel unterstrichenen Wörter. Wir hatten ja keinerlei Schreibwerkzeug. Man hielt das Buch gegen das Licht und sah die unterstrichenen Wörter, die unser mieses Leben, unsere momentane Situation oder die politische Situation der DDR spiegelten und kommentierten. Jeder unterstrich, was ihn besonders ansprach. Da war dann die ganze Tierwelt vertreten, von »Hund« über »diese Schweine«, aber es ging auch um Unterdrückung, Liebe und Hass. Alles war völlig aus dem Zusammenhang gerissen, aber mich durchflutete ein gutes Gefühl, wenn ich selbst ein Wort unterstrich. Wir waren auf der Hut dabei. Was wir machten, war Zerstörung von Volkseigentum. Uns war klar, dass die Bücher auf neue Unterstreichungen kontrolliert wurden, wenn wir sie abgeben mussten. Aber inwieweit man prüfen konnte, welcher Zellenbewohner welche Worte neu unterstrichen hatte, wussten wir nicht. Es war uns auch egal. Wir taten etwas Verbotenes und damit war Nervenkitzel verbunden.

An einem Abend war Hanne unheimlich geknickt, weil sie noch keinen Sprecher mit ihrem Peter hatte, da sie nicht verheiratet waren. Es wurde draußen immer dunkler, und Hanne wurde immer deprimierter. Ich hatte ein rot gebundenes Buch in der Hand, das ich gerade zu Ende gelesen hatte. Auf der letzten Seite auf dem Buchdeckel entdeckte ich zwei Herzen, in das eine war ein H geritzt, in das andere ein P. Begeistert rief ich: »Hanne, jetzt kriegst du doch noch ein Geschenk!«

Sie guckte ganz ungläubig und brach dann in Tränen aus. Sicher hatte Peter dieses Buch in den Händen gehabt, aber er hat bestimmt nicht damit gerechnet, dass Hanne seine Herzen an einem für sie ganz schweren Tag zu sehen bekommen würde.

Prozess

Gerichtstermin

E ndlich war die Warterei für mich und meinen Mann vorbei: Ich wurde zum Vernehmer geholt. Der sagte mir, am 23. und 24. November würde unsere Gerichtsverhandlung stattfinden. Die Vernehmungen seien abgeschlossen. Nun würde ich für meine Tat verurteilt werden. Vorher käme aber noch ein Rechtsanwalt, um mit mir zu sprechen.

Ich hatte eigentlich gedacht, Rechtsanwalt Vogel zu sehen, denn den hatte ich als meinen Anwalt benannt. Er war der Vermittler zwischen Ost und West, wenn es um den Freikauf von Gefangenen ging. Ursprünglich wollte ich Rechtsanwalt Schwanitz aus unserem Haus in Brandenburg nehmen, doch der hatte mir geschrieben, zu viel zu tun zu haben und uns nicht vertreten zu können. Mir war sofort klar, dass ihm die Sache zu heiß und zu unangenehm war. Wir hatten zwar ein gutes nachbarschaftliches Verhältnis, aber er war Genosse und wollte wahrscheinlich nichts riskieren.

Nun stellte sich mir der Vertreter von Vogel vor, Rechtsanwalt Horn. Er war eine eher blasse Figur, und so trat er auch auf. Als Erstes befragte er mich nach unserem Besitz und erklärte mir, dass wir alles mitnehmen könnten, wenn es nicht gerade Antiquitäten seien oder Meißner Porzellan.

»Genau das ist es«, erwiderte ich.

»Ja, dann geht das nicht«, meinte er.

»Wir wollen nur umziehen und natürlich alles mitnehmen!« Schweigen.

»Ja, dann kämen wir also zum Ablauf der Gerichtsverhandlung«, sagte er nur. »Enthalten Sie sich bei der Gerichtsverhandlung jeder Polemik und antworten Sie nur, wenn Sie gefragt werden.«

Auf alle meine Einwände, doch nichts getan zu haben und dies vor Gericht vorbringen zu wollen, entgegnete er: »Damit verschlechtern Sie nur Ihre Lage.« Für dieses für mich so wichtige Gespräch hatte er nicht mehr als 15 Minuten übrig.

Die Nerven liegen blank

Am 23. November 1983, am Tag unseres Prozesses, kam ich in eine Zelle in der ersten Etage und fing sofort an zu klopfen, denn ich hatte an der Nebenzelle die Kleidungsstücke meines Mannes hängen sehen. »Name?« Die Antwort war: »Dietrich.« Nun klopfte ich weiter. Er klopfte oft sofort ab, hatte also verstanden, was das »Gespräch« beschleunigte. Wir klopften uns Dinge, die nur uns zwei angingen, denn wir hatten uns ja wochenlang nicht in den Armen gehalten. »Ich liebe dich«, klopfte ich, »und ich möchte dich sehen und umarmen.« Als ich dann klopfte: »Ich habe einen ganz tollen BH an«, klopfte er: »Mach' mich nicht verrückt.«

Auch mir hatte man meine private Kleidung gegeben. Ich sollte mich anziehen. Wochen vorher war ich gefragt worden, welche Kleidungsstücke ich aus unserer Wohnung haben wollte. Unsere Freunde brachten sie nach Potsdam in die Lindenstraße. Als ich mich umgezogen hatte, wurde es plötzlich ganz still. »Jetzt ist er weg«, dachte ich und musste weinen. Mir war plötzlich so miserabel zumute. In was für eine Situation waren wir nur geraten! Wann würden wir vier uns endlich wiedersehen. Die Niedergeschlagenheit hielt nicht lange an. Ich versuchte, optimistisch zu sein.

Transportiert wurde ich wieder mit einem Barkas, an den ich ja so schlechte Erinnerungen hatte. Aber diesmal war es nur eine kurze Fahrt. Ich musste aussteigen und kam in ein bombastisches Gebäude mit einem herrschaftlichen Treppenaufgang. Später erfuhr ich, dass es das Gerichtsgebäude in der Hegelallee war, wo nur Stasiprozesse stattfanden. Auf der rechten Seite waren drei kleine, weiße Türen, in eine musste ich hinein. Ähnlich wie im Barkas saß ich wieder in einem winzig kleinen Kasten. Wie viel Zeit ich darin verbrachte, weiß ich nicht mehr. Ich klopfte sofort, doch es war wohl niemand in der Nebenzelle. Nach einiger Zeit wurde ich herausgeholt, und da sah ich Dietrich, der mit dem Gesicht zur gegenüberliegenden Wand stand. Ich musste mich danebenstellen, zwischen uns ein runder Aschenbecher auf einem Fuß. Beide trugen wir Handschellen, die uns erst vor der Gerichtsverhandlung abgenommen wurden. Ich fühlte mich so mies und erniedrigt. Kurz darauf wurden wir unabhängig voneinander in einen Saal geführt, wo nur wenige Personen saßen, fünf oder sechs, darunter Schließer Schnattchen. Vorne stand ein langer Tisch, an dem die Richterin saß. Wie wir später erfuhren, hieß sie Gerlach. Außerdem saßen da noch zwei Schöffinnen.

Zuerst wurde die Anklage, die Dietrich betraf, verlesen. Dann sollte er kurz seinen Lebenslauf schildern und sagen, ob er einsehe, eine Straftat begangen zu haben. Er verneinte. Dann wurde meine Anklage verlesen, und auch ich schilderte meinen Lebenslauf. Dann wurden wir wieder aus dem Saal geführt. Wir sahen noch, wie eine der Schöffinnen zu weinen anfing. Mein Mann meinte später, es sei eine seiner Patientinnen aus dem Brandenburger Krankenhaus gewesen. Am zweiten Tag, als unsere Urteile verlesen wurden, war sie nicht mehr da. Für Dietrich lautete das Urteil ein Jahr und sechs Monate, für mich ein Jahr und drei Monate. Die höhere Strafe für meinen Mann wurde damit begründet, dass er unsere Kinder in Gefahr gebracht habe. Vor Wut sprang ich auf und schrie: »Sie haben unsere Kinder in Gefahr gebracht, denn wir nehmen unsere Kinder überall mit hin, unsere Kinder sind über alles informiert. Obwohl wir absolut nichts gemacht und niemandem geschadet haben, haben Sie uns inhaftiert. Deshalb können wir nicht mit unseren Kindern zusammen sein!«

Ich wurde sofort zurechtgewiesen, mich ruhig zu verhalten. Jemand zog mich von hinten wieder auf den Stuhl. Es ging alles sehr schnell, so wie es Rechtsanwalt Horn gesagt hatte. Zur Urteilsverkündung mussten wir stehen, und als ich das Urteil hörte, war ich doch sehr erleichtert, denn ich hatte so furchtbare Angst gehabt, zu mehreren Jahren verurteilt zu werden. Man hatte mir ja auch noch »Antiquitätenschmuggel« und »Kontaktaufnahme zu fremder Macht« vorgeworfen. Ich hatte vor unserer Inhaftierung Pakete mit Geschenken, aber auch mit Gegenständen aus dem Haushalt der Eltern meines Mannes an meine Schwägerin und meinen Schwager im Westen geschickt. Die waren beschlagnahmt worden. Stundenlang war ich verhört worden, warum ich diese Dinge geschickt hätte. Doch offenbar hatten sie diese Anklagepunkte fallengelassen.

Zu dieser Zeit wusste ich noch nicht, dass der Bruder und ein Cousin meines Mannes im Westen versuchten, uns auf eine bestimmte Freikaufliste zu bringen. Ohne mit Dietrich ausführlich sprechen zu dürfen, wurde ich wieder ins »Lindenhotel« zurückgebracht.

Die Gerichtsverhandlung war eine Farce. Es war vorher garantiert schon alles abgesprochen. Die Staatssicherheit hatte das Urteil festgelegt. Bei der Verhandlung war niemand von unserer Verwandtschaft zugelassen. Sie fand unter Ausschluss der Öffentlichkeit statt.

Rechtsbrief · 3.12.83

32 V 506/83
221 - 60.83
GA.

I M   N A M E N   D E S   V O L K E S !

In der Strafsache

g e g e n   den Arzt
                   Dr. K u t z , Dietrich
                   geboren am 06. 07. 1941 in Bad Kösen
                   wohnhaft in 1800 Brandenburg, Am Rosenhag 02

                   seit dem 31. 07. 1983 in der UHA - Potsdam,
                   1500 Potsdam, Otto-Nuschke-Straße

                   PKZ: 060741 4 0641 0

                   die Hausfrau
                   K u t z , Heidelore, geborene Hintz
                   geboren am 09. 06. 1945 in Lebbin
                   wohnhaft in 1800 Brandenburg, Am Rosenhag 02

                   seit dem 31. 07. 1983 in der UHA - Potsdam,
                   1500 Potsdam, Otto-Nuschke-Straße

                   PKZ: 090645 5 0311 1

w e g e n   mehrfacher Beeinträchtigung staatlicher
                   Tätigkeit

hat die Kammer für Strafrecht des Kreisgerichtes Potsdam-Stadt
in der nichtöffentlichen Hauptverhandlung vom 24. 11. 1983 und
25. 11. 1983, an der teilgenommen haben:

                   Kreisgerichtsdirektor Frau Gerlach
                   als Vorsitzender

                   Angestellte Kern
                   Angestellter Hunger
                   als Schöffen

Bezirksstaatsanwalt Herr Schulz
als Vertreter der Anklage

Rechtsanwalt Herr Horn
als Verteidiger für beide Angeklagten

Justizangestellte Knispel und Lange
als Protokollführer

für   R e c h t erkannt:

1. Der Angeklagte Dr. Dietrich Kutz wird wegen mehrfacher Beeinträchtigung staatlicher Tätigkeit (Vergehen gemäß § 214
   Abs. 1 und 3 StGB) zu einer Freiheitsstrafe von

                    1 - einem - Jahr und 6 - sechs - Monaten

   verurteilt.

2. Die Angeklagte Heidelore Kutz wird wegen mehrfacher Beeinträchtigung staatlicher Tätigkeit (Vergehen gemäß § 214
   Abs. 1 und 3 StGB) zu einer Freiheitsstrafe von

                    1 - einem - Jahr und 3 - drei - Monaten

   verurteilt.

3. Die Auslagen des Verfahrens tragen die Angeklagten als Gesamt-
   schuldner.

G r ü n d e :

Beide Angeklagte seit 1969 miteinander verheiratet.
Der Angeklagte Dr. Kutz absolvierte nach Ablegen des Abiturs ein
Medizinstudium. Er promovierte im Jahre seiner Exmatrikulation
und arbeitete in seinem Beruf. Er qualifizierte sich zum Facharzt
für Gynäkologie, später erfolgte sein Einsatz als Oberarzt, der

mit Wirkung vom 01. 12. 1982 beendet worden ist.

Die Angeklagte Heidelore Rutz ist von Beruf Krankenschwester.
Die Qualifikation erwarb sie sich an der Medizinischen Fachschule.
Sie arbeitete in verschiedenen Einrichtungen in ihrem Beruf, übernahm später eine Kinderkrippe und qualifizierte sich zur Krippenleiterin. Diese Arbeit gab sie 1974 auf, seit dieser Zeit ist
sie nicht mehr berufstätig.

Bei beiden Angeklagten zeigten sich nie enge, innere, überzeugende
Bindungen zu den gesellschaftlichen Verhältnissen in der DDR.
Sie wurden von ihren Eltern im kirlichen Sinne erzogen. In den
zurückliegenden Jahren zogen sie sich bewußt vom gesellschaftlichen
Leben zurück.
1982 beantragten die Angeklagten für sich und ihre beiden Kinder
die Ausreise aus der DDR. Entsprechende Vorstellungen über ein
Leben in der BRD hegten die Angeklagten schon seit längerer Zeit.
Trotz Ablehnung dieses Antrages formulierten sie weitere Anträge,
weil sie nicht bereit waren, die staatliche Entscheidung zu
akzeptieren.

Durch eine Sendung eines westlichen Rundfunksenders erhielt der
Angeklagte Dr. Rutz Kenntnis von Verhaltensweisen von Bürgern
der DDR, die auf dem Platz der - Kosmonauten - in Jena ihr Aus-
reisebegehren öffentlich bekunden.
Nach einem Gespräch mit einem bekannten Ehepaar und nach
Informationen seiner Frau entschlossen sich beide Angeklagten,
unter Ausnutzung des Beginns einer Urlaubsreise in die CSSR, am
23. 07. 1983, mit den beiden Kindern nach Jena zu fahren um
dort am Treffen der Ausreisewilligen teilzunehmen. Die Angeklagten
fuhren mit ihrem PKW am 23. 07. 1983 unter Mitnahme der Kinder
nach Jena. Während die Mitangeklagte zunächst mit den Kindern
zurückblieb, begab sich der Angeklagte Dr. Dietrich Rutz gegen
9.00 Uhr in die Mitte des Platzes, wo sich weitere, etwa 180 ihm

nicht bekannte Personen aufhielten und einen Kreis bildeten.
An dieser Kreisbildung nahm der Angeklagte teil. Auch die Mitangeklagte hatte sich zwischenzeitlich zum Kreis begeben und
verblieb dort. Der Aufforderung der Volkspolizei, den Kreis zu
lösen, kamen die Beteiligten Personen nach, der Angeklagte
Dr. Rutz schrieb sich in eine Teilnehmerliste ein.
Nachdem die Angeklagten ihren Urlaub verlebt hatten, entschieden
sich beide am 30. 07. 1983 auf der Rückfahrt, erneut nach Jena
zu fahren, um die Handlungen zu wiederholen. Sie trafen gegen
9.00 Uhr erneut auf dem Platz ein und nahmen mit einer größeren
Personengruppe wiederum an der Kreisbildung teil.

Die Angeklagte beabsichtigten, mit diesem öffentlichen Auftreten,
die staatlichen Organe zu veranlassen, ihre Ersuchen erneut zu
bearbeiten und eine den Wünschen der Angeklagten entsprechende
Entscheidung zu treffen.

Dieser Sachverhalt beruht auf den Einlassungen der Angeklagten,
die geständig sind, sowie den zum Gegenstand der Beweisaufnahme
gemachten Strafregisterauszügen.

Im Ergebnis der Beweisaufnahme war festzustellen, daß beide Angeklagte nicht bereit waren, die endgültige und verbindlich getroffene Entscheidung des Rates der Stadt Brandenburg zu
akzeptieren. Das veranlaßte sie zur öffentlichen Bekundung der
Mißachtung der auf der Grundlage geltender gesetzlicher Regelungen
getroffenen Entscheidungen der staatlichen Organe. Diese Bekundung
geschah in einer die öffentliche Ordnung gefährdeten Art und Weise.
Diese Verhaltensweisen sind objektiv geeignet, negative Auswirkungen zu verursachen. Die Angeklagten machen sich damit der
Beeinträchtigung staatlicher Tätigkeit auf der Grundlage des
§ 214 Abs. 1 StGB schuldig. Diese Handlungen führten die Angeklagten im Zusammenwirken mit anderen durch, so daß auch die
Bedingungen des § 214 Abs. 3 StGB erfüllt waren. Das Zusammenwirken mit anderen hatten die Angeklagten bewußt aufgenommen.

Da sie sich mehrfach zur gleichen Handlung entschieden, haben sie sich wegen mehrfacher Beeinträchtigung staatlicher Tätigkeit strafrechtlich zu verantworten.

Es ist der Staatsanwaltschaft zuzustimmen, daß eine Differenzierung zwischen beiden Angeklagten hinsichtlich der Strafhöhe notwendig ist, weil der Angeklagte Rutz der Initiator der Handlung war. Von ihm ging die Initiative aus. Er hatte die erhaltenen Informationen in Entscheidungen für sein eigenes Verhalten umgesetzt.
Antragsgemäß erkennt das Gericht auf die von der Staatsanwaltschaft beantragte Freiheitsstrafe von einem Jahr und sechs Monaten für den Angeklagten Dr. Dietrich Rutz und auf ein Jahr und drei Monate für die Mitangeklagte Heidelore Rutz. Das Gericht hatte die mehrfache Begehungsweise beider Angeklagten zu berücksichtigen. Es war auch nicht unbeachtlich, daß die Angeklagten ihre beiden Kinder die Handlungen einbezogen, so daß der Anregung der Verteidigung auf eine niedrigere Freiheitsstrafe, als von der Staatsanwaltschaft beantragt, zu erkennen, nicht gefolgt werden konnte.

Die Auslagenentscheidung beruht auf §§ 364 Abs. 1 StPO.

gez. Gerlach   gez. Kern   gez. Hunger

Ausgefertigt
Potsdam, den 25. 11. 1983

Pehlke

Sekretär

Gerichtsurteil vom 25. November 1983

Aus einem Brief unseres ältesten Sohnes vor der Gerichtsverhandlung:
Am Donnerstag habe ich oft an euch gedacht und für euch gebetet. Freitagabend waren wir sehr aufgeregt und haben auf Tante Anita bis abends um elf gewartet. Als wir dann das Urteil hörten, waren wir doch zuerst erschrocken, aber wir wussten ja, dass die Strafe ungefähr in diesem Maß ausfallen wird. Es ist schön, endlich Gewissheit zu haben.

Brief meiner Schwester Anita nach der Gerichtsverhandlung:
Wir sind nun alle sehr froh, dass endlich die Ungewissheit ein Ende hat und die Verhandlung war! Das ist sehr wichtig. Vor euch liegt eine schwere Zeit, aber wir denken, dass ihr sie gut und gesund überstehen werdet. Die Kinder haben das Urteil gefasst aufgenommen. ... Sie sind beide sehr verständig und vernünftig. Das soll Euch ein bisschen Trost sein.

Auf dem Weg ins Ungewisse

Vorweihnachtsfeier 1983 mit Biggi

Genau wusste ich nicht, wann ich in den Strafvollzug kommen würde, aber ich hatte das Gefühl: »Jetzt kommst du hier bald weg, und dann ist die Trennung von deinem Mann perfekt.« In dieser Zeit lag ich wieder mit Biggi zusammen. Wir verstanden uns wunderbar. Ich erzählte ihr von meinem Gefühl. Sofort hatte sie die Idee, eine Vorweihnachtsfeier für uns zu veranstalten. Daraufhin musste ich mich hinlegen und die Augen schließen, während sie herumwirtschaftete. Was sie vorbereiten wollte, konnte ich mir nicht vorstellen. Unsere Zelle war ja bis auf die zwei Pritschen, Toilette, Waschbecken und Klapptischchen leer. Als ich die Augen aufmachen durfte, hatte sie mit abgebrannten Streichhölzern (sie rauchte ja) einen dicken Tannenzweig an die Wand über dem Tischchen gemalt und darauf eine runde Kerze mit hübschem Flämmchen. Außerdem hatte sie Creme, die sie irgendwann bei einem Sprecher bekommen hatte, auf den Tisch gestellt und wartete nun gespannt auf meine Reaktion. Ich fing prompt zu weinen an, und so weinten wir dann beide, was wir ja eigentlich nicht wollten, und lagen uns in den Armen. Dann sangen wir Weihnachtslieder, aber die Freude dauerte nicht lange. Auch singen war ja bei Strafe verboten. Da machten Weihnachtslieder keine Ausnahme. Das gehörte alles zu »Kontaktaufnahme«. Die Freude mit dem Zweiglein währte nicht lange. Am nächsten Tag nach der Freistunde war die Malerei verwischt. Wir mussten alle Reste abwaschen. Am Vortag hatten wir bemerkt, wie die Schließer hereinstarrten, um zu erkennen, was da an der Wand war.

Kriminellen-U-Haft Potsdam

Am 19. Dezember 1983 ging es auf Transport. Wohin wusste ich nicht, aber man munkelte, ins Frauenzuchthaus Hoheneck. Endlich kam ich aus der Stasi-U-Haft heraus und hoffte, im »normalen« Strafvollzug arbeiten zu können und damit der Isolation zu entrinnen. Schnattchen hatte mich allerdings gewarnt: »Seh'n Se sich nich danach, da jeht et hart zu.« Nach der Verabschiedung von Biggi, die mir hoch und heilig schwor, dass wir uns bald wiedersehen würden, versuchte ich, optimistisch zu sein. Früh am Morgen musste ich aus der Zelle treten und wurde wieder in einen Barkas geführt. Wie schon auf dem Transport von Jena nach Potsdam saß ich in der winzigen Zelle und hörte, dass noch jemand einstieg.

Wir landeten in der Kriminellen-U-Haft Potsdam. Dort war es unbeschreiblich dreckig. Mir wurde die obere Pritsche zugewiesen. Durch das vergitterte Fenster konnte ich den »Knastmond« sehen. Das war eine Lampe, die den Hof ausleuchtete. Hier gab es keine Glasbausteine, sondern normale Fenster, die vergittert waren. Hinter meinem Doppelstockbett stand ein zweites, in dem Renate M. lag. Sie hatte vor ihrer Inhaftierung im Gartenbaubetrieb »Damsdorfer Rose« in der Nähe von Potsdam gearbeitet. Den Grund ihrer Verhaftung erfuhr ich nicht. Ich sagte ihr, dass ich so furchtbare Kopfschmerzen hätte. Sofort hörte sie auf zu rauchen, setzte sich ans Fenster und schrie raus, dass sie Brot brauche. Das wurde ihr auch gleich an einer Strippe herübergeschwenkt. Dafür gab sie Zigaretten.

Ich konnte lange nicht einschlafen, denn als Kopfkissen hatte ich nur einen harten Keil, der nicht bezogen, eklig verschmiert und verdreckt war. Am nächsten Tag kam ich in eine andere Zelle, wo eine Kriminelle saß, die ihre Großmutter vergiftet hatte, weil sie deren Gesundheitszustand nicht länger ertragen konnte. Sie hatte ihre Großmutter geliebt und wollte sich gemeinsam mit ihr vergiften. Man fand sie aber und konnte sie retten, für die Großmutter war es zu spät. Ich glaubte ihr, dass sie ihre Großmutter vorher liebevoll gepflegt hatte.

Eine andere Kriminelle, Karin L., war Kalfaktor. Das waren Gefangene, die bestimmte Arbeiten verrichteten, wie zum Beispiel Wäsche oder Essen austeilen. Sie kam aus Brandenburg. Man warf ihr vor, dass sie nicht arbeiten wolle. Deshalb wurde sie als »Asoziale« eingestuft. Mir erzählte sie jedoch, dass sie mit einem Mann zusammenlebe, mit ihm ein Kind habe, und deshalb nicht gearbeitet hätte. Diese Tatsache allein war in der DDR schon strafbar. Arbeiten musste jede, die nicht verheiratet war. Ich fand sie nett, denn sie brachte uns jeden Abend etwas zu essen mit. Als ich ihr erzählte, dass ich nur eine dünne Strumpfhose und einen Rock hätte, gab sie mir eines Tages eine Herrenunterhose und ein Herrenunterhemd, wofür ich ihr später auf dem Transport nach Hoheneck sehr dankbar war.

In dieser Zelle lernte ich noch drei weitere Kriminelle kennen. Eine hatte ihren frischgeborenen Säugling mit Bohnerwachs eingeschmiert und in den Ofen geschoben. Sie war Krankenschwester, und es widerte mich an, mit ihr in einem Raum sein zu müssen. Abends, nachdem wir unser Abendbrot an einem richtigen Tisch an der Zellenwand eingenommen hatten, schwenkten sie plötzlich auf Klopfzeichen hin das Toilettenrohr zur Seite, ebenso die Toilette und heraus fiel ein eingewickeltes Päckchen mit Zigaretten. Hier wurde dann wiederum Brot hochgezogen. Ich fand es ekelhaft, aber die Kriminellen blieben ungerührt. Die Zelle war sehr schmutzig, die Wände waren jahrelang nicht gestrichen. Alles sah verkommen und dunkel aus.

Die Freistunde hier in der allgemeinen Kriminellen-U-Haft verlief ganz anders als in der Stasi-U-Haft. Ich wurde auf einen großen Hof geführt. Dort gingen mindestens 30 Leute im Kreis, die auch miteinander redeten. Zu mir kam sogar eine junge Mitgefangene, die sich als Freundin meiner ehemaligen Mitgefangenen Biggi vorstellte. Wie sie darauf kam, mich anzusprechen und woher sie wusste, wer ich war, ist mir bis heute nicht klar. Später ist sie nie in Hoheneck gesehen worden – vermutlich war sie ein Spitzel.

Mit der grünen Minna zum Hauptbahnhof

Nach zwei Tagen, am 21. Dezember 1983, kam ich wiederum in ein Transportauto. Auf dem Weg dorthin ging ich an einem Karton mit meinen »Effekten« vorbei, so wird der eigene Besitz im Knast genannt. Ich erkannte es an einer Riesenvollmilchschokolade, die mir Weihnachten mitgebracht worden war. Und dann sah ich auch meinen Namen auf dem Karton. Ich fragte den Schließer, ob ich mir für die Reise etwas mitnehmen dürfe, und er meinte lakonisch: »Stecken Se sich ruhig wat in, falls et länger dauert.« Ich nahm mir mehrere Äpfel und ein paar Bonbons. Wie gut, dass ich das tat: Der Transport dauerte drei Tage. Das Transportauto war größer als ein Barkas. Wir saßen uns auf Bänken gegenüber. Hier sah ich Renate M. wieder und Bea, ein zartes, junges Mädchen, das gerade 18 war. Sie konnte die Handschellen von ihren Händen streifen, so schmal waren sie. Man spürte, dass sie nicht das erste Mal einsaß. Ich wollte es auch versuchen, meine Hände aus den Handschellen zu ziehen, war aber nicht mutig genug. Plötzlich hörten wir einen Mann in ein anderes Abteil der »grünen Minna« steigen, der laut lachte. Ich dachte, das sei mein Mann und rief laut: »Dietrich, bist du das?« Aber er antwortete: »Heide, ich bin Manfred.« Es war Manfred I., ein Arzt aus Teltow, der lange mit meinem Mann zusammengelegen hatte.

Er hatte aber auch in der Zelle unter mir gelegen und mit mir geklopft und gerufen. Wenn ich gelacht hatte, hatte er gerufen: »Heide, lach' noch mal.« So kannten wir uns also aus der Ferne und waren uns gleich ganz vertraut. Ich fragte ihn, ob Dietrich auch auf Transport ginge. Er sagte, der würde erst am 22.12. transportiert. Sehen konnten wir uns nicht, weil uns eine Wand trennte. Das Auto hielt nach kurzer Zeit. Wir mussten raus. Ich erinnere mich, dass vor mir so etwas wie eine Eisenbahnböschung mit einer Tür war und außerdem eine Treppe mit Geländer.

Fahrstuhl auf dem Bahnhof Potsdam-Pirschheide

Die Eisentür öffnete sich und ich befand mich in einem Fahrstuhl. Zu uns drei Frauen kamen noch Männer. Ein Gutaussehender mit schwarzen Haaren, weißem Hemd und schwarzer Lederjacke sagte zu mir: »Bist du Heide?« Das war Manfred I. Wir wurden sofort zurechtgewiesen, still zu sein. Es ging rauf auf den Bahnsteig. Ich war an Renate M. gekettet und alle anderen waren ebenfalls durch Handschellen miteinander verbunden. Ich hatte meine tollen Sachen an, die ich mir ein Jahr zuvor auf meiner Westreise gekauft hatte. Und jetzt stand ich hier mit Handschellen. Ich zog die Ärmel meiner Jacke hoch, wollte zeigen, dass ich keine Kriminelle war und trotzdem Handschellen trug. Aber die Leute auf dem Potsdamer Hauptbahnhof drehten sich weg und ließen keinen Blickkontakt zu. Mir gingen so viele Gedanken durch den Kopf. Hier nach Potsdam war ich oft mit meiner Westverwandtschaft gefahren, ganz stolz, als Frau eines Oberarztes, und jetzt war ich das Letzte. In meiner Garderobe fühlte ich mich so gut. Blaue, gediegene, moderne Tuchjacke, grauer Glockenrock, und dazu weinrote Stiefelchen. Die Leute müssen doch wissen, dachte ich, dass ich nicht kriminell bin, wenn sie mich so akkurat und adrett hier sehen. Aber sie guckten mich ja überhaupt nicht an. Ich traute mich nicht zu schreien: »Ich habe nichts verbrochen, ich bin eine politische Gefangene.«

Grotewohl-Express

Nach kurzer Zeit kam ein eigenartiger Zug. Die Fenster waren angestrichen, man konnte nicht hinaussehen. Zu viert wurden wir in einen winzigen Raum gesperrt. Ich war froh, dass wir alle schlank waren. Die Holzsitze waren sehr klein, vielleicht 20 mal 30 Zentimeter. Es war sehr kalt. Ich hatte nur dünne Strumpfhosen an, aber zum Glück das Herrenunterhemd und den großen Schlüpfer von der Kalfaktorin. Und hier nun, im »Grotewohl-Express« sitzend, dachte ich mutlos: »Keiner weiß, wo du bist.« Doch gleich nachdem mir die Handschellen abgenommen worden waren, sah ich auf einer Holzleiste, die in der Ecke des Abteils verlief, die Anfangsbuchstaben unserer Namen: »H und D Hoheneck«. Später erfuhr ich, dass Banny es eingekratzt hatte, die vor mir nach Hoheneck transportiert worden war. Ich war total perplex und glaubte, Dietrich käme auch dorthin.

Als Wochen später Biggi und Hanne diese Inschrift lasen, ahnten sie, dass ich in Hoheneck gelandet war. Sie wurden in eben diesem Abteil nach Karl-Marx-Stadt transportiert und glaubten ebenfalls, dass Dietrich auch nach Hoheneck gekommen sei.

Viele Wochen nach meinem Transport wurde die Tür des Verwahrraumes in Hoheneck (so nannte man die Großraumzelle mit zwölf Häftlingen) geöffnet. Da stand Hanne! Wieder ließ ich mir nichts von meiner Freude anmerken. Erst nachdem die Meisterin, so hießen hier die Wachen, die Tür wieder geschlossen hatte, nahm ich die vor Schreck erstarrte Hanne in meine Arme. Mit Hanne arbeitete ich dann mehrere Monate bei Planet II.

Doch zurück zum »Grotewohl-Express«. Kaum war ich im Zug, fing ich zu klopfen an. Manfred I. meldete sich aus der Nebenzelle und »sagte« mir, dass ich so gut aussähe und eine toll geschnittene Frisur hätte. Wir »unterhielten« uns dann noch ein bisschen, doch plötzlich kam keine Antwort mehr. Entweder war er in eine andere Zelle verlegt oder in eine der Vollzugsanstalten gebracht worden, die an der Strecke des Zuges lagen. Seine Worte bauten mich auf. Die Fahrt ging weiter, doch zwischendurch wurden wir immer wieder auf Abstellgleise geschoben. Einen Zwischenaufenthalt gab es in Rummelsburg. Dort wurden wir in einen vergitterten Raum geführt. Wir mussten die ganze

Zeit eng aneinanderstehend mit vielen Strafgefangenen verbringen. Für die Weiterfahrt bekamen wir ein Paket Stullen. Ich freute mich, denn ich war so hungrig. Doch zu trinken gab es nichts.

Und wieder standen wir in diesem eigenartigen Zug auf einem Bahnsteig. Aus dem Spalt im vergitterten Fenster rief ich laut: »Hier sind wir, guckt doch mal.« Aber alle Reisenden gingen schnell weiter.

Wie gerne würde ich mal jemanden treffen, der so einen Zug gesehen hat.

Nachdem der »Grotewohl-Express« angefahren war, hörte ich Leute im Gang vorbeitrippeln. Ich war jetzt schon alleine im Abteil. Die anderen Frauen waren irgendwo herausgeholt worden. Mich interessierte, wer da wohl am Abteil vorbeiging, und so guckte ich durch den kleinen Türspalt. Da sah ich dann Männer, die vornüber gebeugt gingen und rief ihnen zu: »Lasst euch nicht so hängen, wir schaffen es!« Die meisten hatten Russenmützen auf und Uniformmäntel mit gelben Streifen an. Ich hatte nie daran gedacht, dass es Kriminelle sein könnten, die auf diese Weise transportiert wurden. So rief ich immer weiter, um den Männern Mut zu machen, bis plötzlich die Tür aufgerissen wurde. Ein Schließer schrie und baute sich drohend vor mir auf: »Wenn Se nich gleich uffhörn, dann hau ick Ihnen ene in de Fresse.«

Irgendwann hielt der Zug, es mussten ungefähr 18 Stunden vergangen sein. Man brachte uns in einen langen, unterirdischen Gang. Es sah aus wie in einem ehemaligen Bergwerksstollen. Wir waren etliche weibliche Gefangene, die sich im Pulk langsam fortbewegten. Plötzlich fiel eine Frau hin, die direkt neben mir ging und bekam Krampfanfälle. Man brachte einen flachen Rollwagen, um die Krampfende abzutransportieren. Ich wurde angeherrscht, dass ich die Frau abputzen solle. Sie hatte erbrochen und Schaum vor dem Mund. Eigentlich hätte es mir als Krankenschwester doch eine Freude sein müssen, ihr zu helfen, doch ich war körperlich so kaputt, dass ich hätte heulen können.

Ankunft in Karl-Marx-Stadt: Kriminellen-U-Haft

Schließlich kamen wir in der Kriminellen-U-Haft in Karl-Marx-Stadt an. Ich fand mich in einer Zelle mit Kriminellen wieder, die mir sofort bereitwillig über den Ablauf des Gefängnisalltags berichteten. Die Zelle war groß, nur etwa zehn Frauen waren darin untergebracht. Sie lebten in meinen Augen in purem Luxus. Auf den Betten waren wunderschöne, hellblaue Steppdecken und sogar Kopfkissen. Es herrschte eine tadellose Ordnung. Die Zahnbürsten standen in Bechern und alle im gleichen Abstand und in der gleichen Richtung. Die Handtücher hingen darunter und waren sorgfältig gefaltet. So sei die Anordnung, erzählten mir die Strafgefangenen. In dieser Zelle wurde gearbeitet. Von Zeit zu Zeit wurden ein paar Plastesäcke mit Sprayflaschen hereingereicht, auf die man dann die Sprayköpfe drücken musste. Ich fragte, ob ich mitmachen dürfe. Sie bejahten und ich freute mich darüber. Die Kriminellen bekamen sehr gutes Essen und viel mehr, als wir es vom »Lindenhotel« Potsdam kannten. Alle waren nett zu mir, und das tat mir gut. Sie wollten natürlich wissen, weshalb ich hier sei, und meinten, wenn ich dann auf Transport in den Westen ginge, würde ich neu eingekleidet, damit ich nicht allzu schäbig dort ankäme. Das sei der sogenannte Bananenknast, erzählte mir Bea, die sicher noch nicht mal 20 Jahre alt war. Ich schenkte ihr meinen hübschen Schlüpfer und den tollen BH, den ich auch aus dem Westen hatte. Das waren in der DDR Kostbarkeiten. Die Geschichten über den Bananenknast glaubte ich ihr nicht, aber sie tat mir leid, obwohl sie eine Scheckbetrügerin war. Auf ihrem Oberarm war ein großer Leopard tätowiert.

In dieser Nacht schlief ich so gut wie lange nicht mehr. Dieses wunderschöne Bettzeug, die bequeme Matratze und das gute Essen! Jetzt sah ich Hoheneck gefasster entgegen. Wie gut konnte man es doch in der DDR als Krimineller haben. Dieser Unterschied war hier ganz deutlich. Die Politischen wurden wie Abschaum behandelt.

Transport nach Hoheneck

Am 23. Dezember 1983 wurde ich in einem Lkw von Karl-Marx-Stadt nach Hoheneck gebracht. Bis dahin hatte ich noch geglaubt und gehofft, in den Westen abgeschoben zu werden. Viele andere auf dem Lkw kamen aus einem Leipziger Haftkrankenhaus. Eine hatte sich die Tätowierungen beseitigen lassen, einer anderen war ein Gegenstand aus dem Magen entfernt worden, den sie absichtlich verschluckt hatte. Und zwei sahen aus wie ein Ehepaar. Ich war neidisch auf sie, weil eine auf dem Schoß der anderen lag. Aber der Schein trog, es waren Lesben, von denen ich in Hoheneck noch viele treffen sollte. Dann kam ich in den Zugang des Frauenzuchthauses Hoheneck. Hoheneck war eine besondere Härte für mich. Ich kam im Dezember an und es war unheimlich kalt. Vor mir stand eine riesige Burg, und da musste ich hinein, und das für viele Monate. Schwarzer Kohlenstaub lag hier überall und große Kohleberge waren aufgeschüttet. Es sah unbeschreiblich trostlos aus. Wir gingen unter einer Brücke durch, die zwei Gebäude verband, und irgendwo führte eine Wendeltreppe außen an dem einen Gebäude hoch. Dort bekam ich zur Einkleidung stapelweise Männerunterhosen, Unterhemden, zwei chinesische Jeans-Latzhosen aus dünnem blauem Stoff, eine grüne dünne Bluse, eine Uniformjacke und einen Mantel. Kleidungsstücke, die vom Wachpersonal aussortiert worden waren. Man führte mich in den Verwahrraum zurück. Ich legte mich auf die Pritsche und dachte an meinen Mann, an Volker und Manfred. Es waren die letzten, von denen ich aufmunternde Worte gehört hatte. Diese Worte begleiteten mich jetzt ein halbes Jahr lang.

Hinterhof von Hoheneck mit Treppe zur Effektenkammer

Frauenzuchthaus Hoheneck

Ankunft in Hoheneck

Die Frauenhaftanstalt Hoheneck liegt in der Kreisstadt Stollberg am Nordrand des mittleren Erzgebirges, die zum DDR Bezirk Karl-Marx-Stadt gehörte. Etwa 13 000 Einwohner wohnten in dieser Industriestadt, über der auf einem steilen Berg ein alter Herrensitz liegt, der später als Burg und Schloss bezeichnet wurde. Auf den Grundmauern dieses verfallenen Gebäudes wurde 1863 ein Gefängnis errichtet. Wer dort zu Zeiten der DDR vorbeifuhr, ahnte nicht, dass hier mehr als 800 weibliche Häftlinge, darunter viele politische, festgehalten wurden, die nichts weiter getan hatten, als ihr Recht auf ein freies Leben zu behaupten. Später, in den achtziger Jahren, war die Burg mit mehr als 1000 weiblichen Häftlingen überbelegt. Die Heizung brachte im Winter kaum Wärme. An die Burg waren Gebäude angebaut, in denen die Häftlinge Bettwäsche und Strümpfe produzieren mussten.

Gespräch mit der Gefängnisleiterin

Kurz nachdem ich im Zugang angekommen war, wurde ich zur Gefängnisleiterin gerufen. Ich durfte mich hinsetzen und wurde in der Gefängnisordnung unterwiesen. »Sie haben es in der Hand, wie es Ihnen hier geht«, sagte sie zuerst. »Wenn Sie gut arbeiten, bekommen Sie regelmäßig Post, können alle zwei Monate ein Päckchen bekommen und auch einen Sprecher mit Ihren Angehörigen. Im Zugang bleiben Sie vier Wochen.«
Ich musste die Gefängnisordnung durchlesen und unterschreiben. Zu meiner großen Freude durfte ich noch einen Brief an unsere Kinder verfassen, an meinen Mann jedoch nicht. Dann wurde ich wieder in die Zelle geführt.

Zugangszelle

Der Zugang lag im Keller. Es war der Teil des Gefängnisses, in den man die neuen Gefangenen brachte. Ich musste über einen sehr langen Flur gehen, der mit blankgebohnerten Ziegeln gepflastert war. Plötzlich sah ich zwei weibliche Häftlinge, die einen Tannenbaum schmückten. Sie guckten kurz auf und lächelten mich an. Die Zugangszelle war leer. Es schien aber außer mir noch drei andere Gefangene zu geben, denn die Pritschen waren bezogen. Später kamen diese beiden Frauen vom Flur dazu. Sie stellten sich als Schwestern vor. Die eine hatte Physik und die andere Kunst studiert. Sie waren beide jung, hübsch und nett und auch politische Häftlinge. Ich war glücklich, es so gut getroffen zu haben. Die dritte Strafgefangene auf Zugang war Bea, eine etwa 30-jährige Frau. Sie hatte in ihrem Heimatort jeden Abend eine Kerze ins Fenster gestellt und an Demonstrationen von Ausreisewilligen teilgenommen. Da sie aber schon einmal in Hoheneck gewesen war, vermutete man, sie habe auch einen kriminellen Hintergrund. Von Meisterin Emmerich, der Wachhabenden, wurde sie an der Tür begrüßt, als wäre sie eine alte Bekannte. Bea war freundlich und hilfsbereit. Sie bestickte mir im Zugang ein kleines Tuch mit Garn, das von Planet II (Wäschekommando) stammte. Es war strengstens verboten, irgendwelche Materialien von den Kommandos mitzunehmen. Trotzdem hatte sie es für mich getan. Solche Verbote wurden ständig überschritten. In jede Ecke des Taschentuchs hatte Bea ein anderes Zeichen gestickt. In die eine einen Notenschlüssel, weil unsere Kinder ein Instrument spielten, und in die Mitte den Spruch: »Wenn Du denkst, es geht nicht mehr, kommt irgendwo ein Lichtlein her.« Während sie stickte rief sie häufig laut: »Vogel du!« Damit wollte sie wohl jemandem in einer anderen Zelle ein Zeichen geben.

Tuch von Bea

Feilen

Am Morgen nach meiner Ankunft in Hoheneck wurden wir alle aus den Zugangszellen geschlossen und am Ende des langen Ganges in eine andere Zelle gebracht. Die Gefangenen, die schon ein paar Tage hier waren, sagten, dass wir jetzt feilen müssten. Wir bekamen Feilen, die keine Griffe hatten, vollkommen stumpf und fast blank waren. Damit mussten wir irgendwelche Plasteteile ausfeilen, die für den Schiffbau genutzt wurden. Nach kurzer Zeit hatte ich Blasen an Händen und Fingern.

Die Zelle war sehr klein, schätzungsweise zwei mal drei Meter. 16 Frauen saßen eng an eng um ein längliches, tischähnliches Holzgestell herum. Hinter uns standen Säcke, die eine Strafgefangene von Zeit zu Zeit auf den Tisch ausleerte. Die Plasteteile waren grob gegossen. Wir mussten sie entgraten. Vor Staub konnte man die anderen kaum noch sehen. Die Zeit bis zum Mittag verging so langsam und meine Hände schmerzten furchtbar. Ich wusste vor Schmerzen gar nicht mehr, wie ich die Feile halten sollte. Im Hinterkopf hatte ich immer die Worte der Gefängnisdirektorin: »Sie haben Ihr Schicksal selbst in der Hand, und wenn Sie nicht gut arbeiten, wird Ihnen die Post gesperrt.«

Dieser erste Tag nahm und nahm kein Ende. Ich fühlte mich wie zerschlagen und bekam kaum Luft. Die Gefangenen, die schon länger hier waren, sagten, dass wir bis 17 Uhr feilen müssten. Um 17.30 Uhr war die Pein endlich vorbei. Wir durften wieder in unsere Zellen. Jede wollte zuerst ans Waschbecken, um sich vor dem Abendbrot noch ein paar Minuten aufs Bett zu legen. Wir waren weiß vom Plastestaub. Am nächsten Tag die gleiche Prozedur, aber da war Heiligabend.

Heiligabend im Gefängnis

Wir mussten wieder bis 17.30 Uhr feilen und glaubten schon, das nähme nie ein Ende, wir kämen nie in die Zelle zurück. Drei Strafgefangene wurden zum Flurblockern (Bohnern) herausgefischt. Eine von ihnen war ich. Es war doch Heiligabend! Irgendetwas hatte ich mir vorgestellt. Und nun sollten wir den endlosen Flur bohnern?

Erst gestern war ich hier angekommen, durchgefroren, hungrig und unsagbar müde. Eigentlich hatte ich gehofft, dass am Heiligabend und zum Jahresende vielleicht doch Häftlinge in den Westen freigekauft würden, viele Häftlinge, und wir wären dabei. Wie irrig dieser Gedanke war, sollte ich in den nächsten Monaten schmerzhaft spüren. Während wir mit unserem riesengroßen Bohnerbesen die Gott sei Dank bereits blanken Ziegel bohnerten, rannen mir die Tränen übers Gesicht. Ich weinte wegen dieser Arbeit am Heiligabend und wegen der Trennung von meinen Kindern und von Dietrich. Wir blockerten und blockerten, immer schneller und schneller. Warum eigentlich? Was erwarteten wir? Endlich war alles blitzeblank, und auch die strenge Wärterin hatte nichts mehr auszusetzen. Die Zellentür fiel zu. Meine Tränen, die ich monatelang zurückgehalten hatte, flossen und flossen.

Wir waren zu viert in der Zelle, hatten einen winzigen Pappteller mit einem kinderhandgroßen Stück Stollen vor uns, über das wir uns so sehr freuten. Sicher hatte es eine Kirchengemeinde gespendet. Plötzlich, wie ein Geräusch aus einer anderen Welt, fingen Glocken an zu läuten, und unmittelbar danach wurde für uns eine Weihnachtsandacht aus einer Kirche im Gefängnisfunk übertragen. Wir wagten nicht, uns zu rühren, um nur nicht diese wunderbaren Minuten vergehen zu lassen.

Freihof im Zugang

Das Frühstück bekamen wir in unserer Zelle im Zugang. Nach dem kargen Mahl wurden wir in den Zugangsfreihof geführt. Der Hof war klein und sehr windig, weil er hoch und ungeschützt lag. Gesprochen wurde so gut wie nicht. Jede war mit ihrem eigenen Leid beschäftigt. Es war tiefer Winter und eiskalt. Wir froren erbärmlich in den dünnen Sachen und sahen zu, dass wir uns warmliefen oder Gymnastik machten. Die Freistunde dauerte hier wirklich eine Stunde. Plötzlich sah ich über mir Vögel. Es waren Turmfalken. Da bekam ich heftige Sehnsucht nach meiner Familie. Der Wunsch, wie die Falken wegzufliegen, war übermächtig. Irgendwann später, auf dem großen Freihof, fand ich ein paar Falkenfedern.

Nach dem Freigang im Zugangshof mussten wir unsere Wolldecken aus den Zellen holen und sie zu zweit ausstauben. Eigentlich hätten sie sauber sein müssen – sie waren mir ja erst übergeben worden. Dann ging es wieder zum Feilen.

Als ich später ein paar Bonbons und die Falkenfedern hatte, bastelte ich daraus zwei Puppen für meine Kinder, die ich bei einem Sprecher mit meiner Schwester Anita herausschmuggeln ließ.

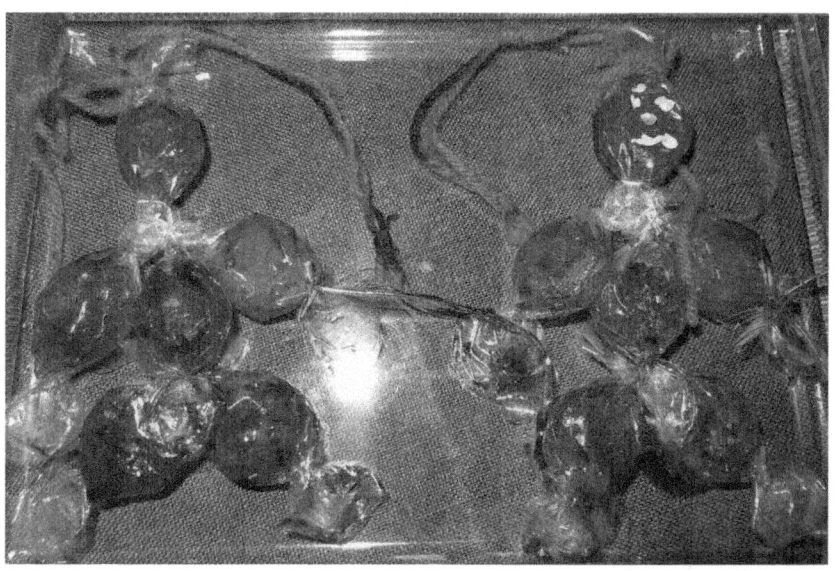

Bonbonpuppen mit Falkenfedern

Verwahrraum

Nach vier Wochen wurde ich aus dem Zugang in den Verwahrraum gebracht und dachte, ich bekäme einen Schock. Das untere Bett, neben mehreren Kleiderschränken, wurde mir zugewiesen. Im Raum standen sechs Doppelstockbetten, immer zwei nebeneinander. Neben den Schränken war die Tür zur Nasszelle, einem schmalen Raum mit sechs kleinen Waschbecken, drei an jeder Seite. An der Stirnseite waren zwei kleine Fenster, darunter die beiden Toiletten, dazwischen stand ein schmaler hoher Besenschrank, in dem der Blocker abgestellt war.

Mit elf Frauen in einer Zelle zu sein, empfand ich als furchtbar: Was würden das für Menschen sein? Hoffentlich waren sie nicht brutal und würden mich schlagen. Von der Nasszelle ging es in einen weiteren Verwahrraum mit noch zwölf Gefangenen. Vor lauter Angst klapperten mir die Zähne. Es war Januar, die Fenster geöffnet und die Heizung fast kalt. Die Wolldecken waren hart und schwer. Plötzlich reichte mir eine Gefangene, die im Bett über mir lag, einen handgestrickten Schlüpfer herunter. »Zieh ihn an, wenn dir kalt ist.« Sie war eine Kriminelle, hieß Marianne K. und saß schon acht Jahre. Marianne hatte ihren Mann mit dem Auto umgefahren. Er hatte sie, als sie schwanger war, ständig drangsaliert, geschlagen und ihr, wenn sie vor ihm auf dem Boden lag, in den Bauch getreten. Ich kam zwar mit ihr aus, sie machte aber einen wahnsinnigen Eindruck, vielleicht von ihrer monatelangen Einzelhaft, und sie arbeitete wie eine Verrückte. Dadurch bekam sie Gutscheine, für die ihre Schwiegermutter zum Beispiel Schuhe schicken durfte. Marianne war eines Tages ganz erstaunt, dass ich ihr etwas von meinen Süßigkeiten abgab. Sie habe das am Anfang auch gemacht, aber hier tue das keiner.

Bevor wir »abliefen« – so sagte man, wenn man vom Verwahrraum zur Arbeit (Kommando) oder zurück geführt wurde – hatten wir uns in Zweierreihen aufzustellen. Morgens musste eine große Blechkanne mit in den Frühstücksraum genommen werden. Die durften wir nachmittags auf dem Freihof mit Muckefuck gefüllt wieder abholen. Das war das einzige Getränk, das wir während des Tages erhielten. Der Verwahrraum musste jeden Tag geblockert werden und das immer abwechselnd von einer anderen Strafgefangenen. Es war eine harte Arbeit. Die Dielen waren krumm und schief, der Bohnerbesen schwer, der Verwahrraum groß. Die Nasszelle musste ebenfalls geputzt werden, an einem Tag von uns, am nächsten Tag von denen aus der anderen Zelle. Aber das Waschbecken hätte jede nach Benutzung selbst säubern müssen. Leider gab es Frauen, die das nicht taten. Als ich eines Tages wieder ein schmutziges Waschbecken vorfand und wieder dieselbe Person es nicht sauber gemacht hatte, schrie ich sie an. Dabei hatte ich doch schon lange mitbekommen, dass sie psychisch gestört war.

Kamen wir von der Freistunde in den Verwahrraum zurück, gab es einen Ansturm auf die zwei Toiletten. Als ich zu einer Mitgefangenen sagte: »Oh, das stinkt ja, kannst du nicht mal spülen?«, antwortete sie: »Du hast ja auch keine Rosen am Arsch.« An solche Sprüche musste ich mich erst gewöhnen – auch an das Zeitungspapier, das wir benutzten, wenn das Klopapier alle war. Toilettenpapier war in der DDR oft Mangelware.

Wir kamen nach der Freistunde völlig durchgefroren in die Zelle und versuchten, uns in der Nasszelle die Füße warmzuwaschen. Aber fast immer war das Wasser kalt.

Planet II

Nachdem die Zugangswochen vorüber waren, wurde ich dem Arbeitskommando Planet II zugeteilt, einem Bettwäscheproduzenten der

DDR, für den Strafgefangene gegen ein ganz geringes Entgelt arbeiteten. Man führte mich an eine Nähmaschine. Ich wurde unterwiesen, wie das Garn einzufädeln sei, wie die Laken eingelegt werden müssten. Es sah so einfach aus. 1200 Laken mussten in einer Schicht gesäumt werden. Ich schaffte nicht mal ein Dutzend, weil meine Maschine andauernd das Laken krauste. Dann musste ich alles wieder auftrennen. Allmählich zitterten mir die Hände vor lauter Angst. Erfüllte ich die Norm nicht, träte ein, was mir die Gefängnisdirektorin am ersten Tag gesagt hatte: Ich würde keine Post erhalten und bekäme auch nicht alle zwei Monate ein Päckchen.

Planet II produzierte auch Bettwäsche für Westdeutschland. Diese Stoffe waren wunderschön und eine Freude für uns, wenn wir zur Schicht kamen. Aber sie waren so hart imprägniert, dass wir »Bretter fahren« sagten, wenn es an die Arbeit ging. Als ich einmal zur Nachtschicht kam, lief es wie ein Lauffeuer durchs Kommando: »Guckt euch die Wagen an!« Und da lag dann der Stoff für Kinderbezüge mit dem Gestiefelten Kater in der Größe des Bezuges.

In Hoheneck hatten wir Strafgefangenen bessere Bettwäsche im Verwahrraum als in der Potsdamer U-Haft, nicht kariert, sondern mit Blümchen oder anderen Mustern. Alle 14 Tage mussten wir sie abziehen und vor der Schicht auf einen langen Flur legen. Bei Schichtende lag saubere Bettwäsche auf dem Flurboden.

Im Saal, in dem ich nähte, saßen etwa 15 Frauen hintereinander. Zwischen uns stand ein langer Tisch. Darauf lagen die zugeschnittenen Laken in Ballen gerollt. Wir klappten den Ballen mit der linken Hand auf, zogen ein Laken ab, spannten es in die Maschine, lehnten uns zurück, ließen die Maschinen schnurren, lehnten uns noch einmal zurück, dann war eine Seite fertig. Nur nicht bei mir, mein Laken war völlig gekraust und nicht sauber genäht. Die Nadel war ständig ausgefädelt, die Maschine setzte aus. Bis ich mitbekam, dass man einen Monteur rufen konnte, wenn die Maschine streikte, vergingen Tage. Mit der zweiten Seite des Lakens verfuhr man genauso: einspannen, zurücklehnen, Fußschalter drücken. Dann warfen wir das Laken mit der rechten Hand auf die Erde. Schon nach einigen Tagen taten mir die Schultern weh. Eine andere Strafgefangene, Marianne, die sehr nett war, musste die Lakenberge wegräumen. Sie war auch eine Politische und fragte mich immer, wie lange diese Quälerei noch dauern würde. Hinter mir saß Rita, eine Kriminelle. Immer wieder half sie mir beim Einfädeln oder die Maschine in Gang zu setzen. Ich war ihr sehr dankbar, da ich keine Brille hatte und die Nadel oft nicht selbst einfädeln konnte. Die Brille war bei der

Verhaftung nicht in meiner Handtasche gewesen. Erst Monate später bekam ich sie beim Besuch meiner Schwester. Sie hatte vorher keine Erlaubnis bekommen, mir die Brille zu schicken.

Eines Tages kam Hanne, die ich ja von der U-Haft in Potsdam kannte, in den Verwahrraum. Ihr Prozess war inzwischen gelaufen. Sie hatte ein Jahr und vier Monate bekommen. Im Planet II saß sie hinter mir. Ihre Maschine funktionierte perfekt. Hanne holte sich einen Ballen nach dem anderen. Nur bei mir ging es nicht vorwärts. Ich sprach sie dann an und sagte, sie müsse die Norm nicht schaffen oder gar überbieten, wir seien politische Gefangene. Aber Hanne war so verängstigt, dass sie immer weitermachte. Wenn man während der Arbeit zur Toilette wollte, musste man Bescheid sagen. Man durfte dort nicht rauchen, was vielen sehr schwer fiel. Einmal bemerkte ich, wie zwei Gefangene auf der Toilette Zigaretten aus Zeitungspapier rauchten.

Kam der Monteur zu mir, dauerte die Reparatur manchmal drei oder vier Stunden. Während dieser Zeit musste ich Laken legen oder mein gekrautes Laken auftrennen. Häufig half mir meine sogenannte Lenkungskraft, Frau Schmidt, beim Trennen. Ich schaffte immer nur ein paar Laken, dann war wieder etwas mit der Maschine. Nach einigen Wochen erzählte mir Frau Schmidt, dass ein neues Kommando eröffnet würde. Da müssten Knopflöcher in Kopfkissen gestanzt werden. Sie fragte mich, ob ich dort mitarbeiten wolle. Freudig bejahte ich, denn durch Hannes Übereifer fühlte ich mich unter Druck gesetzt.

Hanne kam ebenfalls in das neu eingerichtete Kommando. Jetzt hatte ich eine amerikanische Maschine von 1930, eine Reese. Auch die war andauernd kaputt. Oft wartete ich lange auf den Monteur. Für mich verging kostbare Zeit und mir war klar, dass ich auch hier die Norm nicht schaffen würde. Frau Schmidt ging mit mir in eine Ecke, wo ich Kopfkissen legen musste. Während sie mir half, sprachen wir miteinander, leise, damit uns keine Kriminellen hörten. Die konnten sich durch Denunziation Haftverkürzungen erschleichen.

Ich hatte mir durch meine Gallenkolik bei der Verhaftung eine Diät erkämpft, die ich nach Hoheneck hinüberretten konnte. Mal bekam ich ein Ei, mal einen Apfel, etwas Schmelzkäse, auch mal ein halbes Weißbrot. Das teilte ich dann mit Hanne. Inzwischen hatte ich auch Banny, meine erste Zellengefährtin im Lindenknast Potsdam, beim Arztbesuch getroffen. Von dem minderwertigen Essen war sie ganz aufgedunsen. Sie schenkte mir, da ich ja noch nichts besaß, fünf Mark »Knastgeld«. Auch Biggi, ebenfalls lange Mitgefangene in Potsdam, war in Hoheneck gelandet, glücklicherweise in der Zelle über mir. Wir klopften am Heizungsrohr. Anfangs hatten wir uns aus dem Fenster zugerufen, woran hier keiner Anstoß nahm. Aber die Rufe waren schlecht zu verstehen, und so klopften wir wieder wie in der U-Haft.

Biggi arbeitete zuerst in Planet III. Nach Monaten saßen wir dann im Knopflochkommando an der gleichen Maschine, nur in einer anderen Schicht. Hatte sie Nachtschicht, fand ich morgens manchmal ein Zettelchen von ihr unter einem der Kopfkissen. Das freute mich so sehr und baute mich auf.

Ich musste 1400 Kopfkissen mit jeweils vier Knopflöchern bestücken und schaffte die Norm auch hier nie. Nur wer gut arbeitete bekam Post, eventuell Besuch oder alle zwei Monate ein Päckchen. Während meiner gesamten Haftzeit bekam ich nur zweimal ein Päckchen. Auch Post bekam ich selten zugeteilt, oft nur vorgelesen, weil angeblich etwas darin stand, was nicht geschrieben werden durfte. Mein Mann schrieb mir häufig Verszeilen. Diese Briefe behielt die Meisterin ein, weil sie so schön seien. Im Frühling schrieb er mir einmal: »Die Kohlen werden billiger, die Frauen werden williger, es stinkt aus den Aborten, Frühling wird es allerorten.« Dieser Vers von Kästner gefiel ihr. Deshalb bekam ich den Brief nicht. Die »Meisterin« Lennart, so musste sie angesprochen werden, hatte abgeknabberte Fingernägel und picklige Haut. Es war ihr anzusehen, dass sie Minderwertigkeitskomplexe hatte.

Auch im Knopflochkommando half mir Frau Schmidt, meine Lenkungskraft, täglich beim Kissenlegen. Eines Tages sagte sie: »Rutz, wenn Sie auf Transport gehen, weiß ich gar nicht mehr, was ich hier machen soll.« Sie fragte mich nach »unserer Tat«. Ich sagte, dass wir nur schweigend auf einem Platz in Jena gestanden hätten. Wir wollten eigentlich nur in den Westen, und jetzt diese furchtbare Situation. Sie vertraute mir an, warum sie hier sei: In Stollberg, ihrer Heimatstadt, gebe es wenig Arbeit. Sie kam mir sehr beschämt vor. Eines Tages war ich nicht beim Zählappell. Frau Schmidt soll gefragt haben: »Wo ist Rutz?«

»Rutz ist auf Transport.«

Sie habe sich brüsk umgedreht, sei zum Fahrstuhl gegangen und erst nach einiger Zeit völlig verweint zurückgekommen.

Politische Häftlinge

Die rothaarige Angelika war eine Politische und arbeitete bei ESDA. Dort wurden Strumpfhosen, auch für den Export, hergestellt. Sie nähte mir eine Strumpfhose aus zwei Paar Strümpfen, obwohl so etwas unter

Strafe stand. Es war so furchtbar kalt. Wir hatten nur Socken. Noch heute liegt eine von mir gebastelte Geburtstagskarte für sie und ihre Strumpfhose bei meinen Erinnerungssachen. Ich wollte ihr auch eine Kette schenken, die ich aus Zwirn und einem Ring von einer Uniform gemacht hatte. Bevor ich auf Transport ging, steckte ich die Kette in mein Eisenbett. Angelika kam oft angerannt, wenn ich mit Hanne meine Runden auf dem Hof drehte.

Marianne hatte lange schwarze Haare. Sie war sehr sensibel und weinte häufig. Einmal fragte sie mich, was ich wohl meine, wie lange man auf den Transport warten müsse. Sie war auch mit ihrem Mann zusammen verhaftet worden. Ihren Ausreiseantrag hatte sie ebenfalls an irgendeine offizielle Stelle im Westen weitergeleitet. Später, nach der Entlassung, meldete sie sich bei meinem Schwager in Kiel.

Viola A., wegen ihrer kurzen Haare »Borstel« genannt, lernte ich beim Gefängnisarzt kennen. Sie hatte sich in Apolda mit ihrem Mann und einigen Leuten, die auch einen Ausreiseantrag hatten, bei einem Brunnen getroffen. Alle hatten dort Blumen abgelegt und waren dann nach Hause gegangen. Sie wiederholten das sechs Wochen lang. Am 23. September 1983 wurden sie verhaftet. Zuletzt waren es acht Familien. Viola und ich waren im selben Verwahrraum. Sie lag zwei Betten entfernt und kam abends immer zu mir und Hanne, die neben mir lag. Dann saßen wir zusammen und die beiden rauchten. Als Aschenbecher diente eine Florena-Cremeschachtel. Hanne und Viola achteten sorgfältig darauf, dass die Cremeschachtel sofort wieder verschlossen wurde, als wäre das Rauchen dadurch nicht zu riechen. Es war bei Strafe verboten. Flüsternd erörterten wir die Gerüchte, die wir tagsüber gehört hatten, über Transporte und über den Freikauf.

Wir waren vier oder fünf politische Häftlinge in der Zelle und sechs oder sieben Kriminelle, davon zwei oder drei Kindsmörderinnen.

Bevor Hanne neben mir lag, hatte Ursula in dem Bett gelegen. Der vertraute ich aber nicht. Ich hatte den Eindruck, dass sie mich bespitzeln sollte. Und als Hanne in den Verwahrraum kam, bat ich Ursula, zwei Betten weiter umzuziehen. Sie tat es bereitwillig. Es dauerte nicht lange und sie wurde aus dem Verwahrraum genommen. Niemand wusste, wohin sie gekommen war. Und das wusste man normalerweise immer. Ihr Vater hatte angeblich ein Malergeschäft in Löwenberg.

Mit Hanne teilte ich meine Diät. Sie gab mir auch etwas ab, wenn sie ein Päckchen erhielt. Ich hatte ständig einen Jieper auf etwas Süßes. Wenn ich sie nach einem Bonbon fragte, schimpfte sie manchmal, dass ich so viel von meinem Päckchen verschenkte und nun selbst nichts mehr hätte. Ich teilte mit ihr auch eine Tasse Bohnenkaffee am Sonntag, da ich mir solchen Luxus nicht leisten konnte. Insgesamt verdiente ich ja nur vier Mark im Monat. Davon kaufte ich ein Kilo Äpfel, Knäckebrot und irgendetwas Süßes. Das ständige Hungergefühl und die Gier nach etwas Süßem machte mich ganz verrückt. Wenn ich abends im Bett lag, konnte ich oft nur daran denken, wie ich Hanne herumkriegen könnte, mir einen Bonbon zu geben. Ich fühlte mich so schlecht dabei, und mir wurde jedes Mal meine widerliche Situation bewusst.

Bax und Sally, zwei Politische im Verwahrraum, wollten eines Tages mit einem Truck durch die Welt reisen. Sie zählten täglich 33 Staaten der USA auf, um eines Tages gut gerüstet zu sein. Bax war Pastorentochter und sehr lustig. Sie hatte dicke, lockige Haare. Sally W. kam aus Potsdam. Sie war früher als ich nach Hoheneck gekommen. Auch Sally hatte ich beim Arzt kennengelernt. Als sie sich mir vorstellte, sagte ich, dass ich sie kenne. Sie war erstaunt. Ich hatte ihren Namen schon gelesen und empfand die Begegnung, als hätte ich alte Freunde wiedergetroffen. Ihr Name stand neben einem Schränkchen in die Wand meiner Zelle im »Lindenhotel« in Potsdam eingeritzt: »Sally W. – drei Jahre Z. Staatsfeindliche Hetze Berufung – zwecklos«, darunter: »Axel Richter, Schriftsteller 6 J. Z.«. Von Axel Richter las ich später das Buch »Lindenhotel oder 6 Jahre Z. für ein unveröffentlichtes Buch«.

Diese Inschriften gibt es in der Gedenkstätte Lindenstraße nicht mehr. Sie sind vom Denkmalschutz, der wohl stark von der Stasi durchsetzt war, gleich nach der Wende überstrichen worden. In viele Zellen hat man sofort Regale gestellt oder an die Wände gedübelt. Alles unter dem Vorwand, dass man die Räume dringend brauche.

Sally bekam irgendwann drei Tage Einzelhaft, weil sie eine Politschulung verweigerte. Hanne und ich machten die Politschulungen immer mit, weil wir uns sagten, dass wir an Leib und Seele gesund bleiben wollten. In der Aula schlossen wir die Augen und hörten nicht zu, was vorne erzählt wurde.

Später kam noch Heidi G. in den Verwahrraum. Ihre Schwester Gundi und deren Mann Thomas hatten sich in verschiedenen Städten Laken besorgt, um daraus einen Fluchtballon zu nähen. Sie hatten Familie G. von ihrem Vorhaben erzählt. Familie G. war als Mitwisser inhaftiert worden. Heidi wurde zu drei Jahren verurteilt, ihr Mann zu fünf Jahren. Eine weitere politische Gefangene war Heidi B. Sie war durch ihre sieben Monate Einzelhaft, die sie selbst beantragt hatte, recht sonderbar. Sie las die ganze Freizeit über im Lexikon, wollte mich fragen, ob ich wisse, was dies oder jenes bedeute, fragte aber immer nur: »Heide, weißt du manchmal?«

Neben dem Doppelstockbett von Sally und Bax lag eine Politische, die an einem Samstag in Dresden in einem Käseladen festgenommen worden war. Man hatte sie verdächtigt, sich in den weißen Kreis von Dresden stellen zu wollen. Sie hatte zwar mit ihrem Mann einen Ausreiseantrag gestellt, wollte aber wirklich nur Käse kaufen. Zu Hause saß ihr Besuch und wartete. Doch die Gastgeber kamen nicht zurück.

Im Nebenverwahrraum saß noch ein junges Mädchen, Annette, mit ihrer Mutter. Ihr Vater saß in Cottbus und übermittelte mir Monate später Grüße von Volker, der auch in Cottbus inhaftiert war. Nach meiner Haftentlassung besuchte ich Annette und ihre Familie in Hannover.

Niemals wollte ich die Geschichten und Namen dieser Menschen vergessen. Doch mir sind nur Bruchstücke geblieben. Zum Beispiel diese von Gefangenen weitergereichte Strophe eines Gedichts von Erich Mühsam:

Ich hab's mein Lebtag nicht gelernt, mich fremdem Zwang zu fügen.
Jetzt haben sie mich einkasernt.
Von Heim und Mann und Werk entfernt,
Ich soll dem Paragraphenkram, mich in die Fesseln fügen.
Sich fügen, heißt lügen.

Einzelhaft in Hoheneck

Im Frauenzuchthaus Hoheneck war es möglich, Einzelhaft zu beantragen. Eine Mitgefangene war auf diese Art über sieben Monate in Einzelhaft gekommen. Heidi B. lag über mir im Doppelstockbett und war ganz verdreht. Irgendwann erzählte sie mir, dass sie ihrem Mann, der auch inhaftiert war, eine Schachtel Pralinen geschickt habe, in der sie oben drauf ihre Schamhaare gelegt hätte. Es war natürlich ganz ausgeschlossen, irgendetwas nach draußen zu verschicken. Sie schaukelte im Bett hin und her, wie es geistig behinderte Kinder tun. Ich dachte in solchen Momenten, dass sie das Doppelstockbett mit dem Schwingen zum Kippen bringt.

Eine andere Mitgefangene, Sally W., hatte die politischen Veranstaltungen boykottiert und war trotz Aufforderung auf dem Bett liegen geblieben, als wir zu einer solchen Veranstaltung heraustreten sollten. Nach ein paar Tagen wurde sie aus dem sogenannten Verwahrraum, in dem wir zu zwölft waren, herausgeholt. Hoheneck ist eine alte Burg aus dem Mittelalter mit sehr dicken Mauern. Jetzt war es Winter und sehr kalt, und wir machten uns deshalb Sorgen um sie. Wenn wir Freigang hatten, riefen manchmal Gefangene aus den Haftzellen im Keller. Als Sally nach drei Tagen wiederkam, war sie völlig verstört, legte sich in ihr Bett und sprach kaum noch. Sie war durch die Kälte auch zum Bettnässer geworden. Als ich sie später einmal nach ihrer Einzelhaft fragte, erzählte sie, dass morgens die Pritsche hochgeklappt worden sei, sodass sie nicht darauf sitzen konnte. Und dann sei außerdem noch ein Eisengitter davorgezogen worden. Sie hatte nur eine dünne Hose aus chinesischem Jeansstoff an, Söckchen, Bluse und Herrenunterwäsche. Das war damals unsere Kleidung. Darüber trug sie eine alte Uniformjacke, die von den Wärterinnen aussortiert worden war.

Die Zelle dort unten war noch kälter als unsere oben. Es gab nur einen Hocker, auf den sie sich mit einem Fuß stellte und mit dem anderen auf die lauwarme Heizung. Binnen kürzester Zeit hatte sie sich eine heftige Blasenentzündung zugezogen. Neun oder zehn Stunden, bis die Pritsche wieder heruntergeklappt wurde, kann niemand mit Gymnastik füllen. Dafür reicht die Kraft gar nicht aus bei dem ohnehin schlechten Essen, das im Arrest noch schlechter war.

Auch Biggi H. hatte Einzelhaft. Ihr Kommando war morgens aus der Nachtschicht gekommen und sie mussten sich zum Zählappell anstellen. Wieder und wieder wurde durchgezählt, aber immer wieder ging etwas schief. Nach dem fünften oder sechsten Mal sagte Biggi, dass sie sich ins Bett legen würde, da sie todmüde sei. Ein paar andere Mitgefangene taten es ihr nach. Der Rest des Kommandos musste stehen bleiben. Nach kurzer Zeit kam männliches Wachpersonal mit Hunden. Die vier oder fünf Frauen wurden aus den Betten geholt und mussten im Nachthemd in die Arrestzellen im Keller. In dieser standen zwei Betten nur mit Stahlfedern, auf welchen sie sitzen mussten, bis es abends um 18 Uhr Essen gab und sie dann in Einzelhaftzellen kamen. Dort war die Pritsche hochgeklappt und wurde erst zum Schlafen heruntergelassen. Am nächsten Tag bekam sie neue Kleidung und man sagte ihr, dass es zu einem Prozess wegen Anstiftung zur Meuterei käme. Der Mitarbeiter des MfS (Ministerium für Staatssicherheit) sagte ihr, dass sie sich ruhig verhalten solle. Sie erklärte ihm, dass sie sich alleine entschlossen hätte ins Bett zu gehen und niemals die Absicht gehabt hätte, jemanden anzustiften. Biggi verbrachte 17 Tage in Einzelhaft. Sie ist um den Nachschlag herumgekommen.

Lenkungskräfte

Zwei Frauen beaufsichtigten uns beim Säumen der Laken: Frau Fohl und Frau Schmidt. Frau Fohl war etwa 30, still, schüchtern und zurückhaltend. Zu ihr konnte man auch gehen, um sich etwas erklären zu lassen. Sie schien immer ausgeglichen. Frau Schmidt war ungefähr 50 Jahre alt.

Lenkungskräfte waren Zivilpersonal, aber voll weisungsberechtigt. So hatten wir wenigstens auf dem Kommando unseren Frieden.

Einmal brachte ich Frau Schmidt ein Bild von meinem Mann und unseren Kindern mit und erzählte ihr, dass er Arzt sei und wie ich unschuldig eingesperrt, genauso wie Hanne und Marianne. Frau Schmidt hatte Tränen in den Augen und konnte kaum glauben, was ich sagte. Wenn sie mir nicht so oft geholfen hätte, wäre wohl gar nichts am Monatsende herausgekommen. Frau Schmidt hatte Mitleid mit mir. Ich habe sie nach der Wende noch einmal angerufen, sie war sehr nett, aber unverbindlich. Ich sagte, dass ich sie besuchen wolle, wenn ich mit einer Gruppe Studenten das Zuchthaus Hoheneck aufsuchen würde. Als ich bei ihr klingelte, öffnete jemand die Tür und sagte, dass Frau Schmidt beim Frisör sei. Ich glaube, sie hat sich verleugnen lassen. Dabei wollte ich ihr danken. Ohne Frau Schmidt wäre Hoheneck noch unerträglicher gewesen.

Gymnastik oder Frühsport

Da fast alle Strafgefangenen im Drei-Schicht-System arbeiteten, ging es während der Schichtarbeit auch in die Freistunde. Zweimal in der Woche war auf dem großen Freihof Frühsport mit allen Kommandos. Außer den Wäschekommandos Planet II und III sowie ESDA, der Strumpffabrik, gab es noch ein Sonderkommando, das Uniformen trennte und dafür auch Sonderrationen bekam. Die Tätigkeiten in diesem Sonderkommando waren die absolute Drecksarbeit, denn bei den Übungen detonierte durchaus mal eine Granate, und dann ging es bei den Soldaten oft in die Hose. Außerdem gab es noch die Heizer, die Küche, das GW (Gesundheitswesen), wo die Kranken untergebracht waren und ärztliche Untersuchungen stattfanden. All diese Gefangenen mussten zum Frühsport antreten. Der Hof war schwarz von Menschen. Alle sahen wie die Krähen aus mit ihren alten, ausgemusterten Uniformmänteln, im Herbst und im Winter mit kleinen, schwarzen

Kopftüchern. Wir standen U-förmig vor dem Arbeitsgebäude, in dem Planet und ESDA untergebracht waren. Eine Wachtel, so nannte man die Wachhabenden, gab das Kommando zum Frühsport. Uns Politischen war jede Bewegung recht. Es war so traurig anzusehen, wie wir versuchten, uns in dieser enggestellten Menschenmenge zu bewegen. Einige der Kriminellen nahmen nur ganz sparsam die Arme hoch und bewegten sich so gut wie nicht. Sie hatten Narrenfreiheit. Eine sogenannte »Asoziale« bewegte nur die Fingerspitzen. Sie hieß Non, war schon das vierte Mal in Hoheneck und bei den Wachteln bekannt. Nach dem Frühsport war meist der Kiosk geöffnet. Sobald das Kommando »Wegtreten« ertönte, rannten alle, die etwas kaufen wollten, auf den Kiosk zu. Wir waren etwa 800 Gefangene. Ich rannte ja so gerne, hatte aber so gut wie nie Geld. So gab ich dann einer den Platz, die ich kannte, und die nicht so schnell rennen konnte.

Tür zu »meinem« Verwahrraum in Hoheneck (1997)

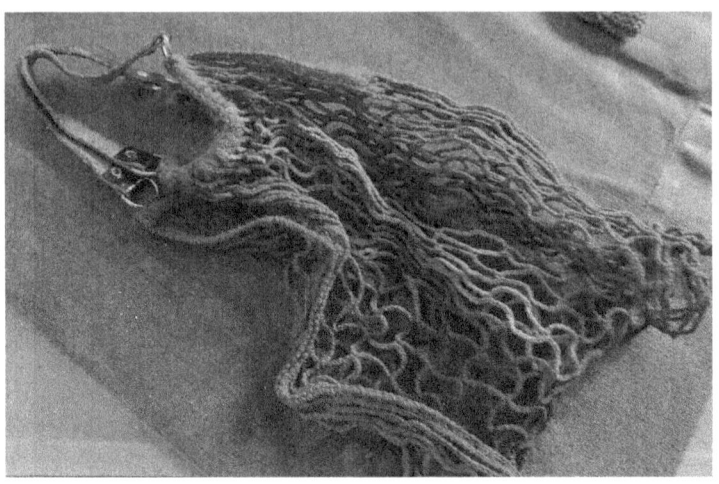

Netz von Hoheneck für meine wenigen Habseligkeiten

Das Hofleben

Wenn wir den Hof betraten, schrie die Wachhabende: »Häng'Se de Netze an de Häken.« Die Haken waren an der Mauer im Freihof des Gefängnisses angebracht. In den Netzen waren unsere wenigen Habseligkeiten, ein Brettchen, die Plastetasse, eventuell ein Päckchen Knäckebrot und von meiner Diät ein Apfel.

Zu Anfang meines Haftlebens in Hoheneck verstand ich nie, was die Wachteln auf dem Freihof schrien. Wir waren ja im Erzgebirge und »Zälabell« hieß Zählappell, und dazu mussten die Kommandos in Reih und Glied stehen und die Zahlen weitergeben. Der Zählappell dauerte lange, weil sich ständig jemand verzählte.

Wenn das alles beendet war, bildeten sich kleine Grüppchen. Das waren meist die Politischen, die sich von der U-Haft her kannten und Neuigkeiten austauschten. Oder man lief um den Hof herum. Ich lief meist mit Hanne. Einmal bin ich mit Rita gelaufen, die mir an der Maschine beim Einfädeln geholfen hatte. Ich schnitt ihr dafür einmal die Fingernägel. Sie sagte, wenn die lang genug wären, brächen sie von alleine ab. Das gab zwar Hinweise auf das Milieu, aus dem sie stammte, aber mehr wusste ich nicht über sie. Ich habe sie leider nicht nach ihrer Straftat gefragt. Das ärgert mich noch heute. Sie war zutraulich. Nachdem ich im Hof wieder bei Hanne war, fragte die ganz böse: »Warum gibst du dich mit Kriminellen ab!«

Während die Gefangenen im Kreis liefen, rief die wachhabende Wachtel Namen einiger Strafgefangenen auf, die Medikamente bekamen, dazu gehörte auch ich. Wir mussten an ein kleines Fensterchen in der Nähe der Bänke gehen, die dort im Karree standen, und uns die Medikamente für den Tag holen. In der Nachtschicht bekamen wir sie am Arbeitsplatz ausgehändigt. Wir mussten die Arznei sofort einnehmen, da man sie nicht sammeln durfte. Bei unserem Rundgang um den Hof kamen wir auch an den Arrestzellen vorbei. Als Sally dort saß, riefen wir ihren Namen und wünschten ihr alles Gute, und dass sie durchhalten solle. Solche Aktionen waren strengstens verboten und darauf stand Arrest oder Haftverlängerung. Einmal rief sie zurück.

An der Hof-Querseite gegenüber des vermeintlichen Stasigebäudes war der offene Vollzug. Die Fenster waren im Sommer geöffnet und gingen auf den Freihof hinaus. Dort sah ich Susanne St., mit der wir zusammen verhaftet worden waren. Aufgrund meines Strafmaßes hätte ich auch dorthin gehört. Vielleicht war ich in der U-Haft zu renitent gewesen.

Wenn die Freistunde zu Ende war, holten wir unsere Netze. Die sogenannten Kannenträger gaben beim »Ablaufen« die riesengroßen Muckefuck-Blechkannen an einem Fenster in einer Tür unterhalb des Turmes ab und bekamen nach der Freistunde volle Kannen ausgehändigt. Daraus füllten wir unsere Becher im Verwahrraum.

Ablaufen

Gingen wir zur Frühschicht, zur Nachtschicht oder zur Spätschicht, hatten wir uns vor dem Verwahrraum in Zweierreihen aufzustellen und warteten auf das Ablaufen. In jedem der durch die Nasszelle getrennten Verwahrräume befanden sich zwölf Strafgefangene. Zu beiden Seiten des Flurs gab es sechs bis acht Türen. Entsprechend viele Gefangene standen auf dem Flur. Manchmal sah man eine, die man lange nicht gesehen hatte, und rief ihren Namen. Dadurch wurde es lauter und lauter. Es hallte gewaltig in der alten Burg. Je mehr der Lärmpegel stieg, umso länger ließen uns die Wachteln stehen. Am Morgen, nach einer durchschlafenen Nacht, war das gut auszuhalten. Aber wenn ich von der Nachtschicht kam, noch nichts gegessen hatte, völlig übermüdet und ausgehungert war, hätte ich zusammenbrechen können. Es war den Wachteln eine Freude, uns lange stehen zu lassen. Irgendwann kam dann der erlösende Ruf »Ablaufen«. Dann setzte sich der Zug gespenstisch aussehender schwarz gekleideter Frauen in Bewegung. Wenn sie uns noch mehr schikanieren wollten, wurden wir gefilzt. Nach einer Nachtschicht sah ich an der Tür des Essenssaales aus einer Mauerritze eine Butterblume wachsen. Ich war sehr betroffen, denn ich hatte nicht erwartet, im Frühjahr noch in Hoheneck zu sein.

Razzia

In der Nachtschicht gab es gegen 24 oder ein Uhr Mittagessen und schwarzen Tee. Wir mussten im Akkord arbeiten. Ich war erschöpft und durstig, der Tee tat gut. Leider hatte ich kein Schraubglas, das ich mit Tee hätte füllen können. Hanne und ich hatten nur unsere Tassen, und es war uns nicht möglich, heimlich Tee mit in den Verwahrraum zu nehmen. Als wir nach der Schicht abliefen, wunderten wir uns schon, dass wir so lange stehen mussten. Es ging ewig nicht vorwärts. Das Gemurre unter den Gefangenen wurde immer lauter. Irgendwann wurden wir auf einen großen Flur geführt und Frauen, die schon lange einsaßen, riefen: »Razzia«. Wir fühlten uns sicher, denn wir hatten ja keinen Tee bei uns. Doch als wir an der Reihe waren, und es »Raustreten« hieß, zitterte ich wie Espenlaub. Die Razzia wurde von der Wachtel Emmerich durchgeführt. Die konnte mich partout nicht leiden. Sie guckte mich spöttisch an. Damals dachte ich, dass sie mir meine Angst ansah. Sie schnarrte nur: »Tee?«

Aber dann sollte ich den Brustbeutel abnehmen, den alle Gefangenen um den Hals trugen. Darin hatte jede von uns das »Spielgeld«, wie die Knastwährung genannt wurde. Frau Wachtmeister Emmerich, das war ihr offizieller Name, riss mir den Brustbeutel fast vom Hals. Es ging ihr nicht schnell genug. Sie fand ein paar Simagel-Tabletten, die ich gegen meine Gallenbeschwerden bekommen und aufgespart hatte. Damit konnte ich eventuell auch mal einer anderen Gefangenen helfen. Außerdem fand sie noch ein paar Zettelchen von Biggi, mit lieben Worten und Durchhalteparolen. Verhängnisvoll waren besonders die Tabletten, denn angeblich hätte man sich ja damit umbringen können. Die Emmerich nahm mir nicht nur diese Sachen weg, sondern konfiszierte aus dem gemeinsamen Netz von Hanne und mir auch die beiden

Plastetassen, die Stullenbrettchen, ein Päckchen Knäckebrot – mein ganz besonderer Besitz. Außerdem waren ein Apfel und ein Osterhase von Biggi im Netz. Wir hatten ihn dummerweise mit zur Arbeit genommen, aber noch nicht mal angebissen. Nun hatten wir wochenlang keine Tassen und Brettchen. Bis zu meiner Entlassung habe ich vergeblich darauf gewartet, die Sachen zurückzubekommen. Wir behalfen uns zu zweit mit einer Tasse, die uns jemand schenkte. Es dauerte lange, bis die Kontrolle unseres Kommandos beendet war. Wir waren todmüde und kaputt von der Nachtschicht. Als wir endlich ablaufen durften, ließ uns die Wachtel noch ewig auf der zugigen Wendeltreppe stehen, ehe wir zum Frühstück durften. Danach ging es in die Verwahrräume. Jeder sah sich schon in seinem Bett liegen.

Da gellte ein Aufschrei durchs Treppenhaus: »Diese Schweine!« In unserem und dem durch die Nasszelle getrennten Verwahrraum hatte das Rollkommando, wie man diese fiesen Leute nannte, unsere Matratzen und Laken aus den Betten geworfen. Darauf hatten sie die Milch geschüttet, die wir nur in der Nachtschicht bekamen, und auch den Zucker. Alles lag am Boden, die Zutaten für eine Knasttorte. Sogar das winzige Stück Butter und der Fertigpudding. Wenn die Nachtschichtwoche zu Ende war, hatte meist eine politische Gefangene aus der Zelle Geburtstag, und dann wurde manchmal eine Knasttorte gemacht, aber auch Brot, das wir uns heimlich beiseite geschafft hatten, lag da. Sogar meine Buttermilch war auf den Boden gegossen worden. Ich hätte heulen können, weil ich sie so gerne trank, und sie mir so selten leisten konnte. Einige der Kriminellen rasten vor Wut und donnerten an die Tür, aber vielen kamen nur die Tränen vor lauter Ohnmacht. An Schlaf war nicht zu denken, wir mussten sauber machen.

Drei-Schicht-System

Es war schwer, in drei Schichten zu arbeiten, obwohl das für viele Frauen in der DDR normal war. Ich konnte und wollte mich nicht daran gewöhnen. Ich war unschuldig hier und wollte keine Schichtarbeit leisten. Wenn wir Frühschicht hatten, standen einige schon um drei Uhr nachts auf, um sich zu waschen. Ich ging gleich als zweite oder dritte in die Nasszelle und legte mich dann nach dem Waschen noch mal hin. Um sechs Uhr war Zählappell, zu dem wir alle aus den Verwahrräumen mussten, und dann liefen wir um 6.30 Uhr ab zum Essen. Das Frühstück bestand aus Brot, was oft mit feuchten Tüchern bedeckt war, damit es weich blieb. Doch dadurch war es oft schimmlig. Dazu bekam jede Gefangene einen Klecks Margarine, und ein bisschen Marmelade stand auf dem Tisch. Ich hatte immer Hunger. Es war einfach nicht genug. Ich magerte zusehends ab. Vom Stress mit der kaputten Maschine abgesehen, fiel mir die Früh- und die Spätschicht nicht schwer. Schwer war die Nachtschicht. Ich hatte Gallenschmerzen, wenn ich nachts arbeitete und zwischendurch nichts zu mir nahm.

Etliche Kriminelle hatten sich aus der Küche irgendwelche Gläser besorgt, um sich Tee mit in den Verwahrraum nehmen zu können. Ich hatte keine Möglichkeit dazu. Als die Razzia stattfand, war ich froh, kein Glas bei mir zu haben. Wenn auch die Nachtschicht schwerfiel, war doch der Ablauf lockerer als am Tage. Man konnte mal aufstehen und bei anderen gucken, was die machten. Zwar war auch das bei Strafe verboten, nur bei den Kriminellen wurde schon mal ein Auge zugedrückt, auch mehrere. Sie rackerten und übererfüllten ihre Norm meistens, sodass sie verhältnismäßig gut verdienten. Wir verarbeiteten bunte Stoffe mit farbigem Garn. Es war eine Freude, mal etwas Farbe zu sehen. Davon zwackte manche Kriminelle etwas ab, obgleich auch das unter Strafe stand. Sie durften sich nicht dabei erwischen lassen, wenn sie ihre Kleidung veränderten. Die Politischen hatten solcherart von Mode nicht nötig. Man zog an, was man bekam. Sommer wie Winter trugen wir die gleiche Kleidung. Eine Kriminelle, Gisela F., schenkte mir ihre etwas wärmere Hose, bevor sie entlassen wurde. Ihr Vergehen bestand darin, in Erfurt für den »Exquisit« Wintermäntel genäht und davon einige verkauft zu haben.

Schlimm an der Nachtschicht war für mich das Ablaufen nach der Schicht. Wir gingen aus dem Saal über die verschiedensten Gänge, und dann mussten wir durch den Turm in den Frühstücksraum. Im Turm standen wir oft bis zu einer Stunde, völlig übermüdet, durchgefroren, überarbeitet, hungrig und durstig. Ab und zu wurden die Frauen dann aggressiv und schimpften laut. Viola schrie einmal in ihrem schönsten Sächsisch: »Lass uns endlich ablaufen, du dicke Pute!« Die »dicke Pute« war eine Kriminelle, die ihren Mann mit der Kreissäge zersägt hatte. Sie war zu lebenslänglich verurteilt worden. Der Grund für unser Warten war ein anderes Kommando, das zur Arbeit musste und von uns nicht gesehen werden sollte. Fast jede hatte Bekannte, vielleicht eine, mit der man zusammen in U-Haft gewesen war, die man sprechen oder der man sogar um den Hals fallen würde. Das wollte die Gefängnisleitung verhindern. Falls wir doch mal ein anderes Kommando zu Gesicht bekamen, erschraken wir darüber, wie sie aussahen: Wie die

Vogelscheuchen mit ihren schwarzen Kopftüchern, ausgedienten Uniformen oder Mänteln, grauen oder weißen Haaren. Aber so sahen wir ja selbst aus.

In Hoheneck mündlich weitergegebene Fragmente eines Gedichts von Erich Mühsam:

Auf dem Meere tanzt die Welle, in der Woge Windmusik.
Raum zum Tanz hat meine Zelle 17 Meter im Kubik
Soviel Rätsel, soviel Fragen
Und sie machen manchen Menschen dumm
Für mich gibt's nur die eine.
Warum sitz' ich hier, warum?

Kriminelle

In meinem Verwahrraum saß ich nicht nur mit Politischen zusammen, sondern auch mit vielen Kriminellen, darunter auch einigen Mörderinnen. Dass es auch in der DDR Kapitalverbrechen gab, wurde generell verschwiegen. Hier wurde es nun offenbar. Die 21-jährige Heike Sch. war eine Mörderin. Aber sie tat mir leid. Sie war von einem Vietnamesen schwanger geworden. Ihre Eltern hatten sie daraufhin aus dem Haus gejagt. Dann wohnte sie bei einer alten Dame, die ihr ständig zusetzte, das Kind abtreiben zu lassen. Eines Tages, als die alte Dame vom Einkauf kam, stand Heike an einem geöffneten Schrank. Es kam zu Handgreiflichkeiten. Die alte Dame fiel gegen einen Ofen und war tot. Heike war angeblich in Ohnmacht gefallen. Nachdem sie das Kind geboren hatte (Sabine), wurde es zur Adoption freigegeben und von einer Arztfamilie adoptiert. Traf ich Heike auf dem Freihof, rannte sie auf mich zu, nahm mich in die Arme und hob mich hoch. Ab und zu brachte sie auch Milch mit. Wenn es in der DDR auch für Alleinstehende Wohnungen gegeben hätte, wäre es wohl nicht zu dieser Tat gekommen.

Eine andere Kriminelle in unserem Verwahrraum hatte ihr Kind mit einer Kuhkette erschlagen. An der habe ich mich immer vorbeigedrückt.

»Kuller« war eine weitere Kriminelle. Sie hatte bei ihrer Tochter eine Abtreibung vorgenommen. Die Tochter war verblutet. Sie gab mir eine Decke ab, weil ich so fror.

Lesben

Auf dem Kommando sah man, dass viele Gefangene miteinander befreundet und manche lesbisch geworden waren, nicht nur Kriminelle, auch Politische. Hier war der Zählappell ein willkommener Anlass von der Maschine aufzustehen, mal an eine andere Maschine zu treten, um die schönen Weststoffe zu sehen, oder sich mal kurz zu unterhalten. Die Lesben standen häufig auf, setzten sich zu anderen, machten auch mal obszöne Bemerkungen. Für ihre Freundinnen oder Geliebten nähten sie Rüschchen an die Nachthemden, veränderten die Blusen, indem sie Biesen an das Vorderteil anbrachten, nähten Kragen um oder machten Hosen enger. Es kam auch vor, dass sich zwei Lesben während der Arbeit auf die Stoffballen legten und liebkosten. Im Verwahrraum neben uns legten sie sich ins Bett und hängten eine Decke vor. Manche Politische kam dann zu uns in den Verwahrraum, weil sie sich abgestoßen fühlte. Ich dachte zu Beginn meiner Haftzeit in Hoheneck, dass auch Ehepaare hier wären. Aber es waren Lesben, die sich zusammengetan hatten. Da gab es eine Strafgefangene, die sich nach der Freistunde mit den Füßen in eine Schüssel mit warmem Wasser stellte. Dabei hatte sie ihren Schlüpfer ausgezogen, um die Blicke ihrer Verehrerin auf sich zu lenken, was ihr auch gelang.

Heike hatte ein »Verhältnis« mit einer Politischen. Diese hatte man im Hochzeitskleid mit ihrem Bräutigam verhaftet. In Hoheneck ließ sie sich kurz nach ihrer Ankunft mit Heike ein. Sie riefen sich ihre Liebeserklärungen von Fenster zu Fenster zu.

Zwei weitere Lesben, aus einem anderen Kommando, sah ich einmal zur Freistunde. Ich war erstaunt, wie hübsch die eine aussah. Nie hätte ich ihr die Brutalität zugetraut, die zu ihrer Verurteilung geführt hatte. Ihren Namen weiß ich nicht, nur ihre Geschichte. Sie war mit ihrem Mann, einem NVA-Offizier, zu einem zweiwöchigen Urlaub nach Bulgarien gefahren. Ihre Kinder hatten sie auf dem Dachboden angebunden zurückgelassen. Dieser Mann war mit Dietrich im selben Strafvollzug, im Zuchthaus Brandenburg.

Grüße aus Cottbus

Beim Freigang kam eine Gefangene auf mich zu und sagte: »Ich soll dir Grüße von Volker bestellen.« Ich wurde ganz aufgeregt. Volker war in der U-Haft Dietrichs Mithäftling. Sie hatte einen Sprecher mit ihrem

Mann, der in Cottbus inhaftiert war. Offensichtlich war Volker auch dort gelandet. Er hatte in Potsdam viele Wochen in der Zelle neben oder unter mir verbracht. Ich hatte oft mit ihm geklopft und auf diese Weise viel von ihm erfahren. Nun hatte er mir Grüße bestellt! Welch eine Freude! Ich bestürmte die Gefangene mit Fragen. Sie erzählte mir, dass in Abständen Transporte vom Frauenzuchthaus Hoheneck oder von einem Männergefängnis zusammengestellt würden, um inhaftierten Ehepartnern einen Besuch zu ermöglichen. Jetzt waren offensichtlich Männer von Cottbus gekommen. Diese Transporte seien gefürchtet. Man sitze sich auf Bänken in einem Lastwagen gegenüber, werde hin und her geschleudert, und müsse man auf Toilette, gäbe es nur einen Eimer. Andererseits aber gab es nur diese Möglichkeit, den Ehepartner vor Haftende zu sehen. Ich hatte nie das Glück, meinen Mann besuchen zu können. Dietrich erzählte mir später, dass er auch einmal nach Hoheneck kommen sollte. Doch das Treffen kam nicht zustande. Dietrich glaubte, er würde mit dem Barkas transportiert werden. Davor hatte er Angst. Die Fahrt von Jena nach Potsdam war ihm noch in schrecklicher Erinnerung.

Die Aula

Die Aula, ein großer, sehr schön geschnittener Raum mit feststehendem Gestühl und einer Bühne, lag im Dachgeschoss von Hoheneck. Sie wurde für politische Veranstaltungen genutzt, für Kinovorführungen und für die sonntäglichen Gottesdienste. Ich war nur viermal dort. Einmal zu einer politischen Veranstaltung, »Gehirnwäsche«, wie Hanne und ich dazu sagten. Ein anderes Mal gab es für unser Kommando Planet II eine Kinoveranstaltung. Wir galten als ein sehr renitentes Kommando. Schon mehrere Kinovorstellungen waren abgesagt worden. Zweimal betrat ich die Aula für einen Gottesdienst. Beim ersten Mal hatte ich ein Stück Weißbrot eingesteckt, weil ich hoffte, Biggi zu treffen. Das Wiedersehen war eine große Freude und ich konnte ihr tatsächlich das Weißbrot zustecken. Sie brachte mir ein selbst gebasteltes Osterkörbchen mit, in das sie kleine Ostereier und einen Schokoladenhasen gelegt hatte. Biggi verdiente für dortige Verhältnisse sehr gut. Sie hat mich mit diesen Kostbarkeiten verwöhnt.

Der Film, den wir sahen, war etwas ganz Besonderes für mich. Achim Wolf, ein Brandenburger Schauspieler, spielte mit. Ich kannte ihn. Als er auf der Leinwand erschien, war es mir, als sähe ich einen

Verwandten. Wir hatten das letzte Silvester zusammen in der Theater-
klause in Brandenburg gefeiert. Noch Tage später dachte ich an diesen
Film.

Kulturraum

Im Dachgeschoss von Hoheneck gab es auch einen Kulturraum. Ich
war überrascht, als mir eines Tages angeboten wurde, mich künstle-
risch zu betätigen. Eine Wachtel führte mich und einige andere aus
der Zelle dorthin. Außer ein paar aus Plastilin gefertigten Dingen und
Gymnastikmatten fanden wir kaum etwas vor. Trotzdem war es eine
schöne Unterbrechung der sonst so tristen Haftzeit. Dort trafen wir
auch Maria. Sie malte. Maria war eine gut aussehende junge Frau, die
ihre Mutter umgebracht hatte und dafür zu 13 Jahren Haft verurteilt
worden war. Sie war still und zurückgezogen und hatte eine Freundin
in unserem Verwahrraum. Ihr Verwahrraum grenzte an unseren. Ich
erinnere mich, dass sie mir einmal einen Brief brachte. Er war wohl
aus Versehen bei ihr gelandet. Warum sie mir den Brief bringen durfte,
weiß ich nicht. Sie war überrascht, weil ich ihr überschwänglich dankte.
Offenbar freute sie sich, dass eine Politische mit ihr sprach. Ihre Bilder
waren großformatig, wunderschön und von großer Ruhe. Als ich kurz
nach der Wende für ein Projekt über ehemalige politische Häftlinge mit
Studenten ein zweites Mal nach Hoheneck kam, empfing uns der Di-
rektor in seinem Zimmer. An der Wand hing eines von Marias Bildern.
Ich erkannte ihren Namenszug wieder.

Fast eine Meuterei

Normalerweise durften die Strafgefangenen einmal pro Woche zum
Fernsehen, aber ich habe das nie erlebt. Immer hatte unser Kommando
etwas nicht richtig gemacht oder sich nicht genehm verhalten. Doch
eines Abends sollte es zu dem heiß ersehnten Fernsehabend kommen.
Nach der Frühschicht waren alle sonderbar erregt und fröhlicher Stimmung. Ausgelassen wurde das Abendbrot eingenommen. Von der sonst
so depressiven Stimmung war nichts zu spüren. Die Zeit verging uns
zu langsam. Plötzlich ging die Verwahrraumtür auf und die Wachtel
rief: »Fernsehen gibt es heute nicht!« Da schrien plötzlich alle wütend
durcheinander. Es wurde heiß diskutiert. Was sollte dieses jämmerliche

Verbot? Und plötzlich stand der Satz im Raum: »Wenn wir nicht sofort zum Fernsehraum gebracht werden, gehen wir morgen nicht arbeiten.« Im selben Moment herrschte atemlose Stille. Die Meisterin sagte: »Das ist Meuterei«, und schlug die Tür zu. Unser Mut sank auf null, doch die Diskussionen gingen weiter. Eine wusste es immer besser als die andere. Fest stand, dass wir alle Nachschlag bekommen würden. Damit hätten wir uns den Freikauf verscherzt. Ich bot mich als Älteste an, um Entschuldigung zu bitten. Mit diplomatischem Geschick wollte ich es richten und unsere kolossale Erregung in die Waagschale werfen. Einen Gedanken an eine Meuterei hätten wir, um Gottes Willen, nie gehabt! Ich wurde angehört. Noch wochenlang zitterten wir, wenn jemand von uns aus dem Verwahrraum geholt wurde, weil wir dachten, jetzt ginge es wieder mit Verhören los.

Gottesdienst

Ganz selten war Gottesdienst und ich hatte nur zwei Mal die Möglichkeit, daran teilzunehmen. Gottesdienste in Gefängnissen sollten offenbar zeigen, wie human es in der DDR zuging, wie die Religion eines jeden geachtet wurde. Ich meldete mich zum evangelischen Gottesdienst an. Katholischer und evangelischer Gottesdienst wurden auch hier getrennt gefeiert. Viola war schon mehrere Male zum katholischen Gottesdienst gewesen und begeistert zurückgekommen: Der Priester habe wunderbare Predigten gehalten, sie aufgebaut, ihnen mit Bibelzitaten versteckte Botschaften zukommen lassen, aus denen sie Hoffnung schöpfen konnten. Und nun an jenem Sonntag war ich dran. Ich hatte gehört, dass der Pastor auch im Zuchthaus Brandenburg predigte. Dort saß ja mein Mann seit April. Wir wurden in die schon gut gefüllte Aula geführt. Der Pastor kam und hatte eine knallrote Bibel in der Hand. Er predigte nur für sein Geld, und der Trost, auf den wir so angewiesen waren, blieb aus. Kein Hinweis auf die wöchentlichen Transporte oder auf Verhandlungen über Freikäufe. Nur im eigenen Gebet, in der Nähe des Kreuzes und beim Singen konnte ich Kraft schöpfen. Ich hatte mich anschließend zu einem Gespräch mit dem Pastor angemeldet. Man führte mich durch einen langen Gang, den ich noch nicht kannte. Vor einem Raum, mit Blick auf eine Anhöhe, stand ich bestimmt 40 Minuten. Das einsame Warten empfand ich als wohltuend. Als der Pfarrer kam, nahm er mich mit in den Raum. Ich erzählte von meinem Mann und bat ihn, ihm zu bestellen, dass mir meine Schwester beim letzten

Sprecher gesagt habe, wir würden freigekauft. Mein Mann hat diese Grüße mit den für ihn so wichtigen Nachrichten nie erhalten, obwohl auch er am Gottesdienst teilnahm.

Das GW (Gesundheitswesen)

Meine Gallenbeschwerden waren im Laufe der Zeit schlimmer geworden, die Tabletten hatte man mir ja bei der Razzia weggenommen. Außerdem konnte und wollte ich nicht mehr arbeiten. So meldete ich mich für das Gesundheitswesen an. GW hieß die Baracke, in der wir untersucht wurden, wo die Ärzte ein Sprechzimmer hatten. Im GW gab es auch ein paar stationäre Betten für Erkrankungen, die man nicht ignorieren konnte. Doch hier wurden auch Gefangene untersucht, bevor sie nach Meusdorf ins Haftkrankenhaus kamen. In Meusdorf wurde operiert.

Ich weiß nicht mehr, wie oft ich mich schon fürs GW angemeldet hatte, als ich endlich mein Schlaf- und Waschzeug nehmen sollte und dorthin geführt wurde. Neben Küche und Essenssaal war ein schmaler Flur. Hier musste ich für kurze Zeit warten. Auf dem Boden stand ein Karton mit Harzer Käse. Plötzlich hatte ich einen Käse in der Hand, in Windeseile verschwand er unter meiner Uniformjacke. Ich schämte mich nicht einmal, aber mir war ganz heiß geworden.

Ich kam in einen Raum mit zwei Doppelstockbetten, alle sauber bezogen. Es war so schön still. Am nächsten Morgen wurde mir ein Kontrastmittel gespritzt. Die Untersuchung ergab nichts. Doch ich nutzte die Gelegenheit, erzählte dem Arzt von einem anderen Arzt, meinem Mann, der nur in Freiheit leben wollte und dafür im Gefängnis saß. Der Gefängnisarzt guckte nur ganz ungerührt.

Gespenster

Trotz schwerster Arbeit wollten wir auch mal Spaß haben, und so kamen wir auf die Idee, die Gespenster von Hoheneck heraufzubeschwören. Wir kannten die Legende der Burg: Die Tochter des Schlossherrn von Hoheneck liebte einen Mönch, von dem sie schwanger wurde. Als der Vater das bemerkte, befahl er der Tochter, sich von dem Mönch loszusagen. Das tat sie nicht. Er ermahnte sie und drohte ihr, dass sie beide eingemauert würden, wenn sie nicht gehorchte. Sie wurde mit dem Mönch zusammen eingemauert, jeden Tag ein Stück höher. Doch sie ließen sich in ihrer Liebe zueinander nicht beirren. Als der letzte Stein eingefügt wurde, verfluchte die Tochter den Vater und die Burg: »In dieser Burg sollen immer Tränen fließen.«

Über viele Jahrzehnte war die Burg nun schon Gefängnis. Es flossen immer noch Tränen. Wir wollten uns unsere Laken umhängen, in den anderen Verwahrraum gehen und mit Zahnpasta Beschwörungen auf den Fußboden schmieren. Irgendwann in der Nacht standen wir auf und schlichen uns nach nebenan. Dazu heulten wir nach Gespenstermanier. Die zwölf anderen Gefangenen schliefen natürlich schon und erschraken fürchterlich. Es gab jetzt eine richtige Kissenschlacht. Die diensthabenden Wachteln trauten sich nicht zu uns herein. Sie wussten ja nicht, was passierte. Andere Gefangene erzählten am nächsten Tag, die Wachteln hätten sich wohl betrunken, weil es in der Nacht sehr laut und turbulent zugegangen sei. Wir dagegen waren alle sehr aufgekratzt und fröhlich.

Geburtstagsfeier

Sally W. hatte an einem der nächsten Tage Geburtstag. Wir hatten Nachtschicht. Das passte gut, um eine Knasttorte zu machen. In der Nachtschicht bekamen wir zum Frühstück ein kleines Stückchen Butter, ein kleines Schälchen Zucker für die sechs Personen, die an einem Tisch saßen und etwas Marmelade. Jemand kaufte am Kiosk Tortenkeks und Pudding zum Kaltanrühren. Das mussten wir in der Nasszelle tun, da wir dort nicht durch den Spion beobachtet werden konnten. Bax, die das Bett neben Sally hatte, begann die Torte herzustellen und viele halfen mit. Es wurde eine dreistöckige, wegen der Kekse viereckige Torte. Sie war ringsherum mit Ostereiern verziert und sah traumhaft aus. Sally fing zu weinen an, weil sie noch nie in ihrem Leben eine Torte geschenkt bekommen hatte. Für den Geburtstag hatten wir zwei saubere Laken aufgehoben und deckten den Tisch damit. Abends versteckten alle heimlich ihre Essensration unter der Jacke. Messer zum Schmieren hatten wir natürlich keine im Verwahrraum, aber zu unseren Kleidungsstücken gehörte ein Hüftgürtel mit Gummistrapsen, um die Makostrümpfe daran festzuknöpfen. Zur Stabilisierung enthielt er Plastestäbchen, die wir herauszogen und als Messerersatz benutzten. Wir machten Häppchen; Streichhölzer dienten als Spieße. Eine hatte sogar ein Glas Gurken am Kiosk gekauft. So wurde es eine schöne Feier mit vorgetragenen Gedichten und Spielen.

Modenschau

Bax hatte die Idee mit der Modenschau, und wir setzten sie sofort in die Tat um. Aus Zeitungspapier und Stoff bastelte sich Bax ein Mikrofon, zog sich ihre dicken gelockten Haare kess ins Gesicht und spielte die Moderatorin. Eine Sonnenbrille war ihr aus unerfindlichen Gründen über die Haftzeit hinweg erhalten geblieben. Ich hatte aus den schwarzen Kopftüchern, die wir alle trugen, einen Bikini kreiert. Jede hatte sich etwas ausgedacht. Von wunderbarer Moderation begleitet stolzierten wir im Verwahrraum auf und ab. Es endete mit Tanz, denn einmal pro Woche ließ man uns abends über den Gefängnisfunk Musik hören. Diesen Tag hatten wir für unsere Modenschau ausgesucht. Wir waren ausgelassen und fröhlich und vergaßen in dieser Zeit unsere miese Situation.

Die Wachteln von Hoheneck

Eine strenge, unsympathische Wachtel war die Meisterin Emmerich. Sie schikanierte uns, wo sie nur konnte. Einmal zur Freistunde, bei der sie Aufsicht hatte, schrie sie herum, dass wir nicht in Gruppen herumstehen sollten. Wir mussten uns in Zweierreihen aufstellen und um den Hof marschieren. Nach kurzer Zeit fingen wir an, »Das Wandern ist des Müllers Lust« zu singen. Das muss sie so geärgert haben, dass sie uns die schon beschriebene Razzia bescherte.

Während der Mahlzeiten beaufsichtigte uns eine ältere blondierte und widerliche Person, Meisterin Suttinger, die herumbrüllte und uns sogar nach der Nachtschicht ständig aufstehen ließ, wenn wir beim Essen miteinander redeten. Es war pure Schikane.

Hundezwinger

Ich war in einem Verwahrraum direkt am Ende eines langen Ganges untergebracht. Die Fenster dieses Flures konnte man vom Freihof aus sehen. Warteten wir oben auf dem Flur aufs Ablaufen, standen wir vor Fenstern, deren Scheiben mit Farbe bestrichen waren. Im Laufe der Zeit hatten Gefangene ein bisschen Farbe abgekratzt. Durch dieses Löchlein konnte man zum sogenannten Stasigebäude gucken, aber wir sahen nie den Hundezwinger. Wenn wir auf das obere Bett in unserem Verwahrraum stiegen, hörten wir die Hunde in den Zwingern. Aber wenn sie laut und hungrig bellten, brauchten wir nicht extra hochzusteigen. Es hörte sich schaurig an. Die Hundezwinger müssen irgendwo unterhalb unserer Fenster gewesen sein.

Die ersten drei Fenster links neben dem Giebel gehörten zu »meinem« Verwahrraum in Hoheneck.

Das Essen

Hoheneck war Hungern. Wir bekamen nie genug zu essen, nur gerade so viel, dass wir arbeiten konnten. Als ich in den Westen entlassen wurde, wog ich nur noch 46 Kilo bei einer Größe von 1 Meter 60.

Einmal in der Woche gab es ein kleines, hartes Stück Rindfleisch, das wir »Schuhsohle« nannten. Das war meistens Sonntags. Dazu gab es Rotkohl. An anderes Gemüse kann ich mich nicht erinnern. Viele Kriminelle hatten schon Zähne verloren. Es war wohl Skorbut, denn das Essen enthielt wenig Vitamine. In der Nachtschicht bekamen wir etwas besseres Essen. Wie wir von denen hörten, die schon länger saßen, gehörte dazu auch in einer Nacht Broiler (Brathähnchen). Darauf freute ich mich schon Wochen vorher.

Gleich nach meiner ersten Nachtschicht, als wir beim Frühstück saßen, und Heidi (die durch die Einzelhaft so sonderbar geworden war) fast die ganze Marmelade für sich nahm, regte ich mich furchtbar auf und sorgte dafür, dass die Marmelade ab jetzt in sechs gleiche Teile geschnitten wurde, jedes etwa zwei mal zwei Zentimeter groß. Um alles musste gekämpft werden. Viele Gefangene waren egoistisch. Gab es abends etwas Zusätzliches zur Ration, stürzten alle nach vorne. Wer nicht schnell genug lief, bekam nichts ab. Einmal gab es Bückling! Wir freuten uns alle, doch plötzlich erhob sich großes Geschrei. Der Bückling war voller Maden. Zwei oder drei Mal gab es Milch, die ich Hanne geben konnte, da ich selbst keine trank.

Die Strafgefangenen im Sonderkommando bekamen schwer erarbeitete Sonderzulagen. Das war etwas Butter, mal eine Zitrone und Milch. Eine Gefangene, die ich vom Brandenburger Krankenhaus flüchtig kannte, bat mich eines Tages um zwei Knastmark, wofür sie mir irgendetwas von ihren Sonderzulagen versprach. Sie rauchte und brauchte dringend Geld. Sie brachte mir dann eine Zitrone mit. Das war besser als nichts, doch meine zwei Mark war ich los. Es war mir einfach peinlich, ihr den Wunsch abzuschlagen, da sie ja angeblich mit meinem Mann zusammengearbeitet hatte. Ich musste hier noch viel lernen. Durch die schlechte Ernährung schwemmten viele Gefangene auf. Die Politischen hofften besonders auf den Transport, weil es hieß, man käme in den Bananenknast in Karl-Marx-Stadt. Da würde man aufgepäppelt, bekäme das beste Essen, eben wirklich Bananen und Südfrüchte, um gut in Schuss zu sein, wenn es in den Westen ging. Aber das war alles Fantasterei. In Karl-Marx-Stadt war das Essen eine Katastrophe. Hier waren offensichtlich Gefangene am Werk, die noch nie gekocht hatten. Als ich dort zum ersten Mal etwas zu essen bekam, waren die Nudeln hart und die Tomatensoße kalt zusammengerührt. Schlimm war, dass wir aus Blechschüsseln nur mit Löffeln essen mussten. Das Buch von Hans Fallada fiel mir ein »Wer einmal aus dem Blechnapf frisst«. Jetzt war ich selbst eine, die aus dem Blechnapf fraß.

Kontakte zur Außenwelt

Kamen wir von der Arbeit, liefen wir als erstes zum Tisch unseres Verwahrraumes, wo die Post lag. Für mich lag selten Post auf dem Tisch, weil ich die Norm nie erfüllte.

Normalerweise durften wir die Briefe drei Tage behalten, dann musste man sie zurückgeben. Hanne zerriss ihre Briefe und spülte sie in die Toilette. »Diese Schweine sollen die Briefe von Peter nicht noch mal lesen.« Kamen Briefe von unseren Kindern, war plötzlich alles leichter, aber andererseits auch unerträglicher. Ich hatte solche Sehnsucht, meinte ihre kleinen Hände zu spüren und ihre Gesichter zu sehen. Sicher werden die zwei Wochen zwischen den Briefen für unsere Kinder im Nu vorbei gewesen sein, und schon wieder mussten sie schreiben, ihr normales Leben ohne uns, mit Schule, Freunden, Kirche und Musikschule unterbrechen. Doch es war mir so wichtig, ihre Briefe zu bekommen, von ihren Erlebnissen zu lesen und ihren unkomplizierten Umgang mit dieser schlimmen Situation zu spüren. Sie beschrieben haarklein, was sie an jedem Tag taten, mit wem sie sich befreundet hatten, wie sie in der Schule aufgenommen worden waren. Unseren Jüngsten hatte die Lehrerin folgendermaßen vorgestellt: »Seine Eltern haben keine Zeit für ihn.« Berthold dagegen war gleich vor die Klasse geprescht und hatte die ganze Verhaftung geschildert. Aber das durften sie uns natürlich nicht schreiben. In den Briefen versuchten sie immer ein wenig lustig und hoffnungsvoll zu sein. Es gelang ihnen sogar, mich zum Lachen zu bringen.

In einem Brief schrieb Berthold:

Eins hatte ich im vorigen Brief vergessen zu schreiben: als wir in Brandenburg im Gottesdienst waren, hat Pfarrer Gümbel in der Fürbitte dafür gebetet, daß unsere Familie bald wieder beieinander ist. Als ich das so unerwartet hörte, kamen mir vor Rührung, daß so viele Menschen an uns denken, die Tränen in die Augen.

In diesem Brief vom 9. September 1983 schrieb Berthold auch einen Vers von Dietrich Bonhoeffer:

Von guten Mächten wunderbar geborgen,
erwarten wir getrost, was kommen mag
Gott ist mit uns am Abend und am Morgen
Und ganz gewiss an jedem neuen Tag

Verliere nicht die Kraft und die Hoffnung auf ein Morgen.

Ich war gerührt, dass mein Kind, das wir in diese Situation gebracht hatten, für uns diese wunderbaren Worte aufgeschrieben hatte. Diese Zeilen haben mich begleitet und getröstet. Ich las die Briefe immer wieder und wieder und mir fiel es so schwer, sie wieder abzugeben. Manchmal zeigte ich sie Mitgefangenen, die auch Kinder hatten. Ich glaubte, sie würden sich darüber freuen, aber sie konnten es kaum ertragen, da ihre Kinder nie schrieben.

Unser Großer schrieb vor Weihnachten: »Denkt gar nicht an Weihnachten und tut so, als wenn gar nichts ist. Im nächsten Jahr sind wir dann schon wieder zusammen.«

Zweimal bekam ich in Hoheneck ein kontrolliertes, ein Kilogramm schweres Päckchen. Ich freute mich riesig über die darin enthaltenen Kostbarkeiten wie Feigen und Rosinen, und teilte alles mit Hanne. Aber auch anderen Mitgefangenen gab ich drei bis vier Rosinen ab, zum Beispiel einer Kriminellen, die mir ein langärmliges Nachthemd und eine Wolldecke gegeben hatte, als ich so fror.

Nur zweimal durften mich meine Verwandten in Hoheneck besuchen. Das erste Mal hatten meine beiden Schwestern die Besuchserlaubnis bekommen. Diese Zusammenkunft war völlig überraschend für mich. Es war sehr aufregend und schön, von meiner Schwester Anita etwas über unsere Jungen zu hören. Meine andere Schwester, Rita, hatte sich ganz bunt angezogen, um mir eine Freude zu machen. Ich hatte wohl in einem meiner Briefe geäußert, dass ich mich nach Farben sehnte. Den zweiten Sprecher gab es mit meiner Schwester Anita im Frühjahr 1984. Da saßen etliche Gefangene an einem langen Tisch, gegenüber saßen die Verwandten. Ich kann mich erinnern, dass die Mutter von Bax und die Mutter von Viola dabei waren. Wir sprachen über unsere Kinder, was mir immer das Wichtigste war, aber plötzlich sagte meine Schwester ganz laut: »Dass ihr freigekauft werdet, wisst ihr, ja?« Ich habe so getan, als hätte ich es überhört, aber ich hätte laut schreien können vor Glück. Die wachhabende Wachtel hatte es offensichtlich auch nicht gehört, sonst hätte sie den Sprecher abgebrochen.

Das Stasigebäude

Der Freihof von Hoheneck war ein Karree, an dem an einer der Längsseiten ein Gebäude stand, von dem man erzählte, es sei das Stasigebäude. Wie man zu dieser Annahme kam, wusste keiner zu sagen. Dieses Stasigebäude wurde von allen Gefangenen, mehr aber von den Politischen, mit Interesse beäugt. Wenn wir von der Spätschicht kamen oder während der Nachtschicht aus dem Fenster sahen und dort Licht brannte, sagte man: »Jetzt arbeiten sie wieder und machen die Pläne für den Transport.« Transporte gingen nach Karl-Marx-Stadt und von dort weiter nach Gießen. Das war oft dienstags oder mittwochs und häufig Inhalt der Gespräche. Keiner wusste etwas Genaues, alles waren nur Vermutungen, alles war willkürlich. Aber es gingen fast jede Woche Freikauftransporte, und das war für uns hoffnungsvoll. Wenn dann einige politische Gefangene, meist zehn bis 15 Frauen, aus der Produktion, dem Essenssaal oder den Verwahrräumen geholt worden waren, verbreitete sich das wie ein Lauffeuer. Ganz schlimm waren die Wochen, in denen niemand geholt wurde. Dann zweifelten wir, ob es überhaupt jemals wieder Transporte gäbe. Ich gönnte jeder Gefangenen den Tag des Transportes von Herzen, weil ich wusste, dass auch ich eines Tages gehen würde. Als ich dann wirklich Anfang Mai 1984 auf Transport kam, wurde ich in dieses ominöse Stasigebäude gebracht.

Morgens, die Nachtschicht war vorüber und ich war tief eingeschlafen, wurde ich mit den Worten geweckt: »Sachen packen und raustreten.« Ich wusste gar nicht, wie mir geschah und konnte nur schwer wach werden, weil die Nachtschicht immer so anstrengend war. Ich sagte, dass ich mir erst die Zähne putzen und mich kämmen müsse, denn ich wisse ja nicht, wohin es ginge. Schnell stopfte ich meine dicke Strumpfhose in den Schrank von Marianne. Ihren Namen hatte ich schon ein paar Tage zuvor eingestickt, damit sie die Hose auch behalten durfte. Mein Knastgeld schenkte ich Hanne, ebenso meine Stiefel, denn sie hatte keine. Außerdem gab ich Hanne meinen Pullover, der aus Armeebeständen stammte. Dann putzte ich mir die Zähne. Die Meisterin Lennart drängte, dass ich kommen solle, aber ich sagte, dass ich noch nicht so weit sei. In der Potsdamer U-Haft hatte ich das auch so gehalten, denn ich hoffte ja immer, meinen Mann zu sehen oder irgendjemanden von draußen. Ich wollte mir meinen Stolz und meine Würde bewahren, umarmte sogar noch alle, die mir lieb geworden waren. Sie saßen in ihren Betten, weinten und wünschten mir alles Gute.

Ich wurde über den Flur und den Freihof in die Schleuse des Stasigebäudes geführt, wo ich lange wartete. Aber es kamen auch noch andere Strafgefangene, und die Vermutungen schlugen Wellen, ob es wohl auf Transport ginge. Dann kam ich in einen Raum, in dem schon mehrere Frauen saßen, offensichtlich aber keine politischen Gefangenen. Mir kam es vor, als wären Stunden vergangen, ehe wir einzeln aufgerufen wurden. Ich kann mich an diese Zeit so gut wie nicht erinnern. Durch meine plötzliche, unfassbare Freude, die seelische Erschütterung, dass dieses Furchtbare jetzt ein Ende haben sollte, war ich wie in Trance. Irgendwann wurden wir mit einem Lkw abtransportiert.

Vorbereitung auf den Freikauf

Der Kaßberg

Ich landete in einer Zelle auf dem Kaßberg. Dass dieser in Karl-Marx-Stadt lag, hörte ich erst bei unserer Ausreise. Was für ein schönes Gebäude das Gefängnis gewesen sein muss, sah ich erst Wochen später, als ich zu Rechtsanwalt Vogel in die unterste Etage gebracht wurde. Ich ging eine breite, herrschaftliche Treppe in einem Rundbau herunter. Oben waren die Zellen, außen die Freigangszellen. Mehr habe ich davon nicht mitbekommen, denn plötzlich sah ich Dietrich, der in Häftlingskleidung im Foyer stand. Auf dem Rücken war ein breiter, gelber Streifen und seitlich an den Hosenbeinen ebenfalls. Ich wollte ihn umarmen, doch er stieß mich von sich. Er hatte offensichtlich wahnsinnige Angst, dass jetzt im letzten Moment noch etwas schiefgehen könnte.

Rechtsanwalt Vogel sagte, dass unsere Kinder erst zwei Monate später in den Westen nachkämen. Später stellte sich das zwar als gar nicht so ungünstig heraus, denn wir mussten ja Arbeit, eine Wohnung für uns alle und eine Schule für unsere Jungen suchen, doch in dem Moment, als ich es von Vogel erfuhr, wäre ich fast durchgedreht.

Stasigespräch

Als wir auf dem Kaßberg eintrafen, wussten wir nicht, dass wir hier drei lange Wochen verbringen sollten. Am ersten Abend habe ich gleich laut gelacht, weil ich hoffte, Dietrich sei auch schon hier. Doch es kam kein Husten zurück. Einmal habe ich »Onkel Herbert« gerufen. Das ist ein Onkel von mir. Ich glaubte, mein Mann würde mich daran erkennen. Auch hier hatte ich Angst, dass mit dem Freikauf noch etwas schiefgehen könnte.

Nach einigen Tagen wurde ich aus der Zelle geholt und in eine Wartezelle gesperrt. Ich hatte schon gehört, dass man befragt wurde, bevor man in den Westen kam. Die Wartezelle war fast leer und wirkte deshalb sehr groß. In der Mitte stand ein Tisch und davor ein Hocker. Eine andere Gefangene war schon da. Ich kannte sie nicht. Nach kurzer Begrüßung sah ich mich um. Die Wände waren komplett mit Mitteilungen bekritzelt. Ich machte mich sofort daran, auch etwas an die Wand zu schreiben. Vielleicht kam Dietrich ja auch hierher. Ein Blatt Papier und einen Stift hatte ich bekommen, als ich die Zelle betrat. Was ich an die Wand schrieb, weiß ich nicht mehr, aber schon nach ein paar Minuten wurde die Tür aufgerissen und ein Wärter schrie: »Sie sind wohl verrückt geworden! Sofort waschen Sie alles ab, alle Wände!«

Auf meinen Protest, dass ich nur wenig geschrieben hätte, tobte er noch mehr. Ein Eimer mit Wasser wurde hereingereicht, dazu Bürsten für uns beide (auch die andere hatte sich ja verewigt). Wir haben stundenlang gescheuert. Endlich kam der Schließer. Er brachte mich mit meinem dicht beschriebenen Blatt Papier zu einem Stasimann. Der befragte mich, was wir besäßen, und wo das bleiben solle. Ich sagte sofort und energisch: »Wir nehmen alles mit, denn wir ziehen nur in den Westen um, und dort brauchen wir alles.«

Mit scharfer Stimme erwiderte er: »Wenn Sie nicht vernünftig sind, lasse ich Sie nach Hoheneck zurückbringen! Dort warten noch andere auf den Transport.«

Ich ließ mich nicht einschüchtern und blieb dabei, all unser Hab und Gut in den Westen mitnehmen zu wollen.

Mir war gesagt worden, dass ich offen schreiben sollte, weshalb ich in den Westen wolle. Ich sollte schreiben, was mich an der DDR gestört habe, vor allem die politischen Dinge und nicht etwa, dass es im Westen bessere Schokolade gebe. Die politische Situation in der DDR hat mich zutiefst abgestoßen. Das oberflächliche Optimistengejubel in der Zeitung widerte uns an. Das Volk hatte nichts zu bestimmen. Bei den Wahlen war nur ein Zettel zu falten und in die Urne zu stecken. Wer in die Kabine ging, war schon verdächtig. Erst später wurde mir klar, dass hier die Gefangenen selbst darlegen sollten, politische Häftlinge zu sein. Die Blätter wurden sicher Ämtern in der Bundesrepublik vorgelegt, um nachzuweisen, dass der Westen wirklich politische Häftlinge für sein Geld bekam. In den ersten Jahren waren auch Kriminelle gegen Geld abgeschoben worden. Aber das passierte auch in den späteren Jahren immer wieder. Es wurde sogar manchem Kriminellen politisches Fehlverhalten untergeschoben und empfohlen, einen Ausreiseantrag zu stellen. Damit verschaffte sich die DDR eine nie versiegende Devisenquelle. Es war moderner Sklavenhandel. Von den horrenden Summen, die für Gefangene gezahlt wurden, erfuhren wir erst später aus einer Zeitung im Westen: Für einen Akademiker wurden bis zu 140000 DM gezahlt, für nicht so gut ausgebildete Leute etwa 40000.

Zelle auf dem Kaßberg

Auf dem Kaßberg stand ich plötzlich Silka St. gegenüber, die ebenfalls vom Frauenzuchthaus Hoheneck hierher gebracht worden war. Heidi G. hatte sie mir dort von der Dusche aus im Hof gezeigt und erzählt, dass sie mit Silka in Schwerin in der Stasihaft gesessen hatte. Ich berichtete nun Silka, dass ich mit Heidi in Hoheneck im selben Verwahrraum zusammengelegen hatte. Natürlich tauschten wir sofort unsere Geschichten aus. An die zwei anderen Gefangenen im Verwahrraum auf dem Kaßberg habe ich fast keine Erinnerung. Ich weiß nur noch, dass sie lachten, als ich erzählte, mein Hab und Gut komplett mit in den Westen nehmen zu wollen. Das fanden sie unglaublich, denn sie hatten vor, sich alles neu zu kaufen. Auf meinen Einwurf, wovon sie das bestreiten wollten, meinten sie, dass wir ja sicher eine große Summe Startkapital bekämen, was natürlich falsch war. Nun warteten wir sehnsüchtig darauf, dass es in den Westen ginge. Nicht jeden Tag bekamen wir eine Freistunde, was wir uns mit organisatorischen Problemen zu erklären versuchten: zu viel Schreibkram mit den Entlassungen, alle mussten zur Abschlussuntersuchung und die Effekten mussten von den Strafgefangenen durchgesehen werden. Wir hatten ja viel Zeit, Vermutungen anzustellen. Es war schlimm für mich, so selten an die Luft zu dürfen. Einmal bin ich während der Freistunde auch mit Viola zusammengetroffen. Sie hatte in Hoheneck ihr Bett neben meinem gehabt. Als ich Viola das erste Mal beim Arzt gesehen hatte, war sie schlank wie ein Junge. Jetzt war sie von der mangelhaften Ernährung ganz aufgeschwemmt und dick. Mit Silka sprach ich nun fortwährend vom Westen, von unseren Zukunftsplänen, und ich erzählte ihr natürlich von meiner Familie. Dann fing sie an zu weinen. Sie war ja sehr jung, hatte keine Verwandten in der Bundesrepublik und offensichtlich starkes Heimweh. Sie wusste nicht, wie es im Westen weitergehen würde. Fortan vermied ich das Thema Familie, denn unsere Pläne waren ja ziemlich konkret. Dieses Pläneschmieden war so herrlich und aufbauend, denn jetzt merkte ich jeden Tag mehr, dass ich psychisch am Ende war. Innerhalb dieser letzten Woche wurden wir aus der Zelle gerufen und mussten zum Arzt. Dort stellten wir uns, wir waren 13 Frauen, vor ihn hin, er guckte uns an und fragte: »Alles in Ordnung?« Wir bejahten und wurden wieder in unsere Zellen geführt. Es erfolgte also keine ärztliche Untersuchung, und das nach oft zwei Jahren Haft. Am nächsten Tag mussten wir zu unseren Effekten. Ich sah den Karton mit meinen Sachen und einen Stapel Briefe. Mein Herz machte Bocksprünge vor Freude, aber ich tat so, als bemerkte ich sie nicht. Ich dachte, es sei ein Versehen, und man würde sie mir wieder wegnehmen. Darunter waren viele Briefe von Dietrich, meinen Kindern, meiner Mutter, meinen Schwestern und Freunden, die man mir in Hoheneck nicht ausgehändigt hatte. Nun würde ich in den Besitz dieser kostbaren Dokumente kommen, mit den so liebevoll gezeichneten Bildern von unserem Jüngsten, über die ich oft so lachen musste und den tröstenden Versen und Worten von unserem Großen.

Am kommenden Tag hieß es: »Einkauf – das können Sie mit dem Geld machen, was Sie in den letzten Monaten verdient haben.« Jeden Monat wurde eine Rücklage von den Gefangenen einbehalten. Einen großen Teil davon, vielleicht 200 Mark, überließ ich meiner Mutter. Ich wurde mit Silka zum Einkauf geführt. Es gab Schokolade, Kekse und Herrenunterwäsche. Doch für die Frauen gab es absolut nichts Brauchbares zum Anziehen. Ich kaufte also jede Menge Schokolade, Kekse und mehrere Male Herrenunterwäsche. Das Geld musste ja ausgegeben werden, und im Westen würden wir erst mal mit leeren Händen dastehen. In der Zelle erntete ich mit meinem Einkauf eine Lachsalve. Später waren wir über die Unterwäsche wirklich froh. Zurück in die Zelle, Schokolade aufreißen und nach Herzenslust essen war eins. Uns wurde danach fürchterlich übel. Wir konnten ja gar kein Fett mehr vertragen.

Endlich frei

Die schönste Busfahrt meines Lebens

Am 29. Mai 1984 wurde uns gesagt, dass wir am nächsten Tag um elf Uhr transportfertig sein sollten. Unsere Kleidung hatte man uns schon morgens in die Zelle gereicht. Packen brauchten wir nicht, wir hatten ja weder Koffer noch Reisetasche. Bei den Effekten fand ich meine kleine, viereckige, weinrote Handtasche, darin meinen Deostift, der zwar so gut wie leer war, aber immer noch gut roch, meinen Lippenstift und auch das Fläschchen Tosca. Wie würde es werden, wenn ich Dietrich wiedersah? Wie würde er sich heute zu mir verhalten? Ich hoffte, dass er im Gegensatz zu unserem ersten Wiedersehen hier auf dem Kaßberg so wie ich voller Freude unserer Entlassung entgegensah.

Die letzten Stunden der Haft wurden mir unerträglich lang. Meine Mitgefangenen und ich rutschten unruhig auf unseren Betten hin und her. Hier auf dem Kaßberg gab es wirklich Betten für die Gefangenen, wenn auch aus Eisen. Wann würden sie uns holen? Dann ging endlich die Tür auf, wir wurden einzeln und mit Namen aufgerufen. Ob die Zelle leer war, als ich rausging, weiß ich nicht. Ich weiß nur, dass auf dem Zellenflur laut geschrien wurde: »Frei, frei, endlich frei«. Ich bekam eine Gänsehaut. Was für ein herrlicher Moment, aber was für eine verlorene Zeit, die ich hier verbracht hatte. Ich schrie nicht, als ich die breite Treppe des herrschaftlichen Kaßberg-Gebäudes hinunterging. Mir zitterten die Knie, und ich ging wie in Trance, weil mein Kreislauf nicht mitspielte. Da ich sehr, sehr dünn und am Ende meiner Kräfte war, musste ich mich festhalten, sonst wäre ich gefallen. Ich hoffte sehr, meinen Mann gleich zu sehen, fieberte der ersehnten Fahrt in den Westen entgegen, dem Leben außerhalb der verhassten Mauern. Unten ging ich an einem Schließer aus Potsdam vorbei, der jetzt ein Sakko anhatte. Es könnte der Fotograf gewesen sein, aber auch der, der uns beim Kloleermachen erwischt hatte. Stolz ging ich an ihm vorbei. Mir war schwindlig vor Freude. Man hatte uns gesagt, dass wir in den Westen entlassen würden, aber glauben würde ich es erst, wenn ich dort ankäme. Ich kam in den Gefängnishof, wo zwei Westbusse standen. Es saßen schon viele Gefangene darin, aber mein Mann noch nicht. Ich bekam einen furchtbaren

Schreck. Sollte doch noch etwas schiefgegangen sein? Viele saßen als Paar zusammen, Ehepaare, Vater und Tochter, Bruder und Schwester. Darunter auch Viola und Mann, Silka mit ihrem Bruder und dessen Freundin und Banny, mit der ich viele Wochen im Stasiknast Potsdam verbracht hatte. Offensichtlich wurden die Leute, die diese »Straftaten« gemeinsam begangen hatten, auch gemeinsam entlassen. Ich setzte mich erst mal auf einen Sitz. Wie wunderbar weich das war. Mir kamen die Tränen. Unglaublich! Endlich frei! Keiner sagte mir, dass ich mich setzen dürfe, keiner schrie mich an. Ich wurde aber immer unruhiger, weil Dietrich noch nicht da war, aber dann, nach 20 langen Minuten, kam auch er. Das Wiedersehen war wunderschön – Küsse, Umarmungen – unfassbar, einfach unfassbar, den anderen endlich wieder spüren zu können. Wir weinten beide ohne Hemmungen und zitterten vor Aufregung. Ich war erschrocken, wie mein Mann aussah. Er war sehr abgemagert. Während der ganzen Busfahrt saßen wir eng aneinandergedrückt und hielten uns an den Händen. Das Wiedersehen war jedoch stark getrübt durch die Nachricht, dass Berthold und Wulli erst in zwei Monaten nachkommen sollten. Wir konnten es gar nicht fassen, sie nicht sofort sehen zu können. Das bestimmte natürlich auch unser Gespräch während der Busfahrt. Später stellte sich heraus, dass diese Verzögerung für uns alle nicht nachteilig war. Wir waren physisch und psychisch so am Ende, erzählten uns weinend jeden Tag, was wir erlebt hatten, tanzten aber auch und aßen Unmengen, was wir jedoch gar nicht mehr vertrugen. Als unsere Jungen dann kamen, hatten wir Zeit und Muße sie anzuhören, denn auch sie hatten wahnsinnig viel erlebt und mitgemacht, was ihnen vielleicht nicht einmal bewusst war. Wir wären ihnen direkt nach der Entlassung keine Stütze gewesen. Auch Einbürgerung, Arbeits- und Wohnungssuche, ebenso Schulsuche mit Russischunterricht mussten bewältigt werden.

Etwas später erschien Rechtsanwalt Vogel im Bus und gab uns Verhaltensmaßregeln: Wir sollten nicht rufen oder irgendwie auf uns aufmerksam machen, wenn der Bus fahre. Im Westen dürften wir nichts von dem, was wir erlebt hätten, erzählen oder an irgendeine Zeitung geben. Wir würden den nächsten Häftlingen, die auf eben diesem Wege freikämen, sonst den Weg verbauen. Ich hatte mich so darauf gefreut, überall alles brühwarm zu erzählen und auch öffentlich bekannt machen zu können. Vogel kam im Bus noch einmal zu uns persönlich und wiederholte seine Zusicherung, dass unsere Kinder in zwei Monaten nachkämen. Endlich fuhr der Bus los und Vogel mit seinem Mercedes vor uns her. Kurz vor der Grenze, die wir aber nicht gleich erkannten, hielt der Bus, fuhr dann rechts auf eine Seitenspur und passierte unkontrolliert die Grenze. Der Bus fuhr, und es war gespenstisch still. Niemandem war nach lautem Geschrei zumute. Alle waren glücklich, es geschafft zu haben. Irgendwann hielt dann der Bus an, der Busfahrer stieg aus und kam mit einer großen Kiste wieder. Er begrüßte uns im Namen der Bundesrepublik und übergab jedem von uns einen Beutel mit einem riesengroßen Brötchen, darauf lag eine Scheibe Käse, die das Brötchen überlappte. Und es gab noch ein Schinkenbaguette. Dieses Wort kannten wir aber noch nicht. Dazu war noch ein kleiner Saftcontainer im Beutel und Zigaretten, auf die sich die Männer sofort stürzten. Für mich war es herrlich, in das köstliche Brötchen zu beißen.

Ankunft in Gießen

Der Bus fuhr über die unfassbar glatte Autobahn an nie gesehenen Landschaften vorbei. Es war für mich so wunderbar, neben Dietrich zu sitzen und von ihm festgehalten zu werden. Irgendwann war auch diese Fahrt zu Ende, der Bus fuhr in ein großes, umzäuntes Gelände, und wir konnten aussteigen, alleine, unglaublich. Wir fanden uns in einem großen Saal wieder, wo uns jemand willkommen hieß. Es wurde uns Tee und Gebäck angeboten. In den zwei Bussen, die soeben das Durchgangslager Gießen erreicht hatten, waren jeweils etwa 80 ehemalige Gefangene. Der Saal war sehr voll. Es war wie ein wunderschöner Traum. Alles ging so schnell. Ich konnte gar nicht folgen. Jemand kündigte an, dass wir am morgigen Himmelfahrtstag eine Busfahrt machen würden und jetzt gleich Kleidung vom DRK bekämen, dass für jeden ein Zimmer bereitstand, und für Ehepaare ein gemeinsames Zimmer. Von einem Westberliner Anwalt, der mit dem DDR-Rechtsanwalt Vogel in Verbindung stand, erhielten wir die für uns wichtigen Papiere wie Sozialversicherungsausweise und die Approbationsurkunde meines Mannes. Auch Dietrichs Cousin war mit seiner Lebensgefährtin angereist, um uns zu begrüßen. Er hatte sich wie mein Schwager ebenfalls um unsere Ausreise bemüht. Außerdem erschienen zwei Herren aus der Wirtschaft, die sich für unseren Freikauf eingesetzt hatten. Wir waren überwältigt und glücklich.

In Hoheneck kursierte ein Gedicht, das ich auswendig lernte, weil ich es nie vergessen wollte. Wie ich erst viele Jahre später erfuhr, wurde

es von Heinrich George 1946 in der Gefangenschaft verfasst. Daran
musste ich jetzt denken.

Wenn ich einmal frei sein werde,
weiß ich nicht, wie wird das sein.
Ich grabe meine Hände,
oh Deutschland, tief in Deine Erde ein.
Weinend geh ich durch die Straßen
und mir ist's, als wär's ein Traum.
Ich kann die Freiheit gar nicht fassen,
müde lehnt mein Haupt an einem Baum.
Wenn mich die Leute fragen werden,
wo ich so lang gewesen bin?
Weinend werd' ich ihnen sagen,
in Gottes Mühlen war ich drin.
Ich sah die Räder Furchen mahlen,
in der Menschen Angesicht.
Ich musst's mit meinem Herzblut zahlen
– vergessen, vergessen werd' ich's nicht.

***

Nachwort

Seit unserer Entlassung in die Freiheit sind über 30 Jahre vergangen, die Welt hat sich grundlegend verändert: Vor 25 Jahren fiel die Mauer und die DDR hörte auf zu existieren. Nach der Wende hörten wir häufig Sätze wie: »Hättet Ihr noch fünf Jahre gewartet, wäre der Westen zu euch gekommen. War es das wirklich wert?« Niemand hätte allerdings Anfang der 80er-Jahre vorhersehen können, was Perestroika und Glasnost bewirken würden. Wir und alle, die wir kannten, gingen davon aus, dass die DDR uns überleben würde. Insofern war unsere Entscheidung richtig und wir haben sie nie bereut. Auch wenn wir natürlich nie bewusst und vorsätzlich Verhaftung, Inhaftierung und die Trennung unserer Familie gewählt hätten, ist es so gekommen und hat uns letztlich als Familie nur enger zusammenwachsen lassen. Zudem haben wir fünf wichtige Jahre unseres Lebens in Freiheit verbracht, eine Zeit, in der unsere Kinder in der Schule wertvolle Impulse bekamen, in der wir lang vermisste Lektüre nachholen konnten, freien Zugang zu politischen Informationen hatten, Reisen in ganz Europa unternahmen und so vieles mehr. Unsere Kinder wären in der DDR wahrscheinlich nicht zur EOS mit Abitur zugelassen worden und hätten ganz sicher kein Studienfach nach ihren Wünschen und Fähigkeiten wählen können, ganz zu schweigen vom Militärdienst in der NVA, der nicht verweigert werden konnte.

Alle vier sind wir wunderbar im Westen aufgenommen worden – Freunde, Verwandte und viele andere Menschen halfen uns, wo es nötig war. Nach 20 beruflich und privat erfüllten Jahren in Osnabrück und Geldern sind wir nach Potsdam, in die Nähe unseres alten Wohnortes Brandenburg gezogen. Viele alte Freunde, zu denen der Kontakt nie abgebrochen war, machten uns die Eingewöhnung leicht, auch wenn Erinnerungen an schlimme Orte, Ereignisse und Menschen wohl für immer bleiben werden.

Anhang

Dokumente und Fotos

Liebe Mami und lieber Papi!

wir sind jetzt bei den Greifswaldern.
Das kam so: Herr Hill hat uns ins
Hilde Conni Heim gebracht. Dort haben
wir geschlafen. Am nächsten Morgen
wurde uns gesagt das wir erst
noch warten müssen und das
ein Mann von der Jugend-
hilfe kommen soll. Aber
dann kam er nicht. Wir
mußten noch eine Nacht verbringen
Am Morgen sagte man uns das dort
Onkel Dieter kommen würde.
Er konnte an diesem Tag noch
nicht. Zozo sollte um halbfünf doch
Morgens aufstehen sich waschen
und essen. Er wurde im Auto
zum Flughafen Schönefeld gefahren.
Sein Flug war 8.00 Uhr. Ich und
Bert sind dann um halbfünf
aufgestanden und haben Zozo auch
gewunken. Dann sind wir
wieder in die Betten gekrochen
und haben bis halbneun geschlafen.
Dann haben wir uns noch gelangi
weilt und haben fern gekuckt.
Dann kam Onkel Dieter und
Tante Anita. Wir sind dann zu
Beckmanns gefahren sie waren

Brief unserer Söhne Berthold und Wulli im August 1983, Fortsetzung S. 134   133

nicht in der Wohnung. Dann sind
wir in unsere Wohnung gefahren
und haben Sachen zusammen-
gepackt. Oma, Jens – Uwe und Tante
Rita und Onkel Herbert sind jetzt
euer.

Und dann sind wir los gefahren.

PS: Am Dinstag vormitag sind wir
mit einer Frau aus dem Heim
nach Hause gefahren wieder
und haben Zozos und ein
paar Sachen von uns uns
geholt.

Euer
~~Doro~~ Wulli

Liebe Mami lieber Papi!

Wir sind unheimlich froh, daß wir nach den 4 Tagen Heim endlich wieder in einer Familie sind.
Im Heim war es doch ziemlich trostlos. Zuerst durften wir nicht aus dem Heimkomplex heraus. Am letzten
Tag hatte man sich überzeugt, daß wir nicht abhauen und hat uns auch mal ein Eis kaufen lassen.
Zozo hat ziemlich oft geweint man kann sagen fast jedesmal wenn er hörte, daß wir noch eine
Nacht bleiben müßten. Zum Glücke hatten wir ein Zimmer zusammen und konnten uns so immer
gegenseitig trösten, was bei Wulli kaum möglich war, er hat von uns drei am wenigsten geweint.
Die Erzieher waren zwar alle sehr nett und wir haben auch alles gekriegt trotzdem haben wir
am eigenen Leib gespürt wie schlimm das Heimleben ist. Wir wurden zu einer Gruppe 4 u. 5
Klässer zusammengesteckt die aber alle in die zweite Klasse gehen könnten. Um so mehr genießen
wir jetzt unseren Aufenthalt bei Bartels. Wir denken immer an Euch und warten sehr auf
Zeichen von Euch. Auch Tante Anita, Tante Rita, Onkel Herbert, Onkel Dieter und Oma schöne
Sven, Jens-Uwe und Dirk denken an Euch.
Ich wünsche Euch Glücke und viel Kraft und grüße euch beide sehr
Euer Berthold

Liebe Mami!   2.9.83

Gestern war ja der erste Schultag. Ich habe erst ein bisschen
geweint, aber dann ging es wieder. Meine Klasse ist
sehr nett. Gestern hatten wir gleich Sport.
in der neuen Schule. Gestern waren wir auch
in der Musikschule mit der Klarinette wird
es klappen. Am Montag um 13:10 Uhr bestellt.
Mein Lehrer ist ein Pole oder Ungar. Er gefällt mir
sehr gut. Am Wochenende sind wir nach
Brandenburg gefahren und wir sind bis
Dienstag dageblieben. Ich habe alle meine
Freunde besucht, aber keiner war da.
Wir haben schon die Betten von uns
in Svens Zimmer gestellt. Wir müssen
noch einen Schrank aus Brandenburg
holen um unsere Schuhe dort rein
zu stellen. Wir haben auch schon
Flaschen weggebracht. Die Flaschstoff-
annahme Stelle ist ganz toll. Man
packt die Flaschen u. Gläser in
Körbe und rollt die Körbe auf Rollen
zum Annehmer der zählt sie dann
und schiebt sie nach hinten. Wir haben
12,20 M gekriegt. Dein Wulli schenkt dir
viele Küsschen

Liebe Mami!

Vielen Dank für Deinen Brief. Wir haben uns wirklich sehr gefreut. Zum Glück ging gestern die
Schule wieder los. Sie verschafft einem Abwechslung und Ablenkung. Die Nacht vor dem Schulanfang
waren wir etwas aufgeregt und konnten schlecht schlafen. Am Morgen sind dann alle zur Schule
gegangen und wir wurden im Sekretariat in die Klassen eingeteilt. Ich gehe jetzt in die 8a der Jahnoo-03.
Vor Schulbeginn war noch Fahnenappell. Die Klasse stand schon draußen als ich hingeführt wurde. Ich
habe mich sofort bei meinen neuen Klassenkameraden nach Lehrern usw. gefragt und habe so schnell
Kontakte gefunden. Bei Wulli klappte das nicht so auf Anhieb. Er fing erstmal an zu weinen weil
er es alles auf einmal so traurig fand. Meine und Wullis Klassenlehrerinnen sind nett. Wir hatten
an dem Tag noch 3 Stunden dann Pause und ESP. Da ist mir noch was blödes passiert. Ich hatte
mich mit meinen Klassenkameraden verabredet, da ich nicht wußte wo das Polytechnische Zentrum ist.
Als ich Tante Anita meine Verabredung mitteilte guckte sie in den Busfahrplan und sagte mir das es
mit dem Bus vom Verabredungspunkt nicht mehr bis Unterrichtsbeginn im PTZ zu schaffen sei. Meine
Klassenkameradin fahren bestimmt mit dem Fahrrad. Tante Anita sagte mir also den Weg und ich fahr
dann etwas früher mit dem Bus. Im PTZ hörte ich dann, daß meine Klassenkameradin mich überall suchte

Brief unserer Söhne Berthold und Wulli vom 2. September 1983,
Fortsetzung auf S. 136

und sie kamen wegen mir sogar etwas zu spät zum ESP-Unterricht. Daran sieht Dir wie kumpelhaft und nett meine Klasse ist. Morgen wird meine Lehrerin ihnen dann sagen (ich wollte es so) weshalb ich hier bin. In der Musikschule läuft es nicht so glatt zur Zeit haben sie nur einen völlig überlasteten Geigenlehrer, aber sie hoffen das sie noch eine junge Lehrerin dazubekommen. Das verlängerte Wochenende in der vorigen Woche war sehr schön für uns. Wir sind am Sonnabend früh mit Liebkes und Berleb nach Brandenburg gefahren und L. und B. sind dann am Sonntag nach einer Nacht im Garten wieder mit Betten und Bücherregal (aus dem Garten) für uns, zurückgefahrt. Wir sind dann bis Dienstag bei Tante Jutta geblieben, haben uns von ihnen verabschiedet usw. Tante Jutta hat uns dann nach Potsdam gebracht wo Berleb uns erzählten wie ihr Besuch bei **Euch** war. Jedenfalls bin ich sehr zufrieden mit meiner Klasse.
Viele Grüße auch an Papi, alles Gute und Kraft. Optimismus, Ausdauer und viel, viel Hoffnung

Dein Berthold (Eckbert oder Elwof)

P.S. Sven ist jetzt schon angehender Baufacharbeiter. Eigentlich hatte man zu ihm gesagt er könne in Greifswald lernen. Jetzt heißt es 3 Wochen praktische Arbeit in Glowe (Rügen) und 3 Wochen Theorie in Greifswald im Wechsel. Darüber ist Sven natürlich traurig und verärgert denn das wollte er mit dieser Lehrstelle verhindern. Naja das wär's. Tschüs Dein Bert.

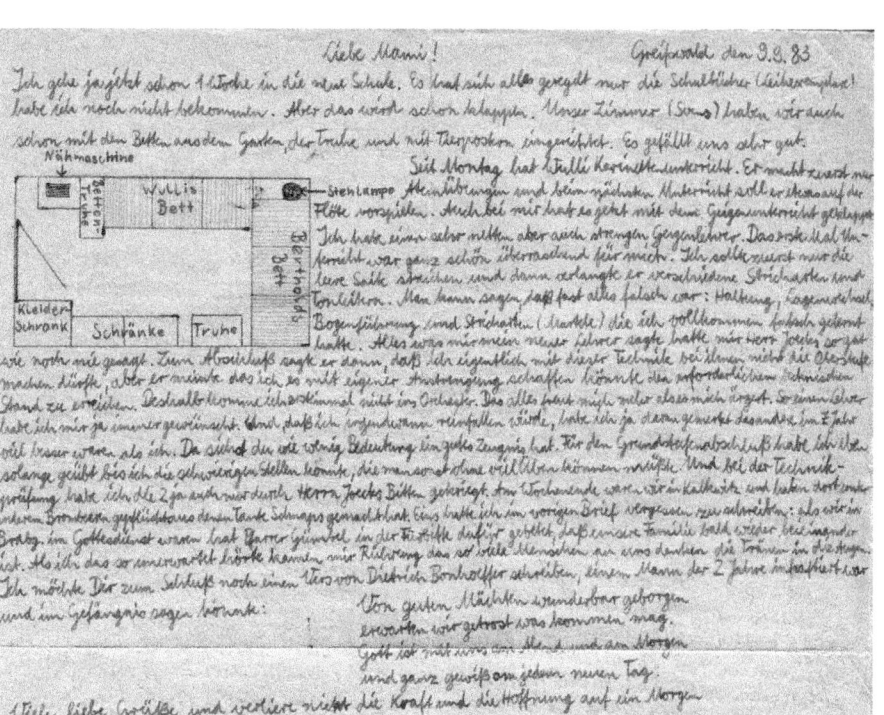

Liebe Mami! Greifswald den 9.9. 83

Brief von Berthold vom 9. September 1983

Liebe Mami!
Heute hate ich sechs Stunden. Ich habe ~~Stun~~
in Musik meine erste 1 gekricht. In Werken
haben wir mit dem Elektrobaukasten gelaut
Ich habe seit Montag Klarinettenunterricht
und muß jetzt ganz komisch Atmen üben.
Am Sonnabend und Sonntag waren wir in
Kalkwitz und ~~haben~~ dort geschlafen. Ich heiße jetzt
"Wulli Mc Pulli" von Gebhart so benannt. In
Kalkwitz ist das Wasser ganz weit zurück gegangen
Bert spielt jetzt gerade Geige. Ich habe eine ganz
blöde Zeichenlehrerin die ist etwa 39–45 und
macht sich Zöpfe in die Haare das sieht ganz beschouet
aus. Das Atmen geht so: Man legt sich auf den Rücken
und legt

sich ein Buch auf den Bauch und Atmet schnell
ein und langsam und pressent aus. Im Bauch
muß es ~~fes~~ fest sein. Siehe Zeichnung. Buch
Probier es doch auch ein mal dann wirst
du sehen das es ganz schön anstrengend
ist. Ich kriege keine Klarinette wenn
ich nicht Atmen kann.
            Dein Wulli
                  Wulli mit Igel.

X Hand

X Hand drückt
in den Bauch
und fühlt
ob es im
Bauch fest
ist.

Brief von Wulli vom 9. September 1983

*Freigangszelle mit Kükendraht
im Stasigefängnis Lindenstraße*

*Innenhof-Zellenhaus, Stasigefängnis
Lindenstraße Potsdam*

Entlassungsschein

Name .... RUTZ ....

Vorname .... Heidelore ....

geb. am ..... 09. 06. 1945 ..... in ..... Lebbin ....

wurde am ..... 30. 05. 1984 ..... nach ..... der BRD ..... entlassen.

Er/Sie befand sich seit ....
in Untersuchungshaft/im Strafvollzug.

(Dienstsiegel)   Unterschrift

Entlassungsschein aus dem Strafvollzug vom 30. Mai 1984

139

URKUNDE

Heidelore Rutz geb. Hintz

geboren am   09. 06. 1945

in   Lebbin

wohnhaft in   Brandenburg

Am Rosenhag 2

wird gemäß § 10 des Gesetzes vom 20. Februar 1967 über die Staatsbürgerschaft der Deutschen Demokratischen Republik (GBl. I S. 3) aus der Staatsbürgerschaft der Deutschen Demokratischen Republik entlassen.

Die Entlassung aus der Staatsbürgerschaft der Deutschen Demokratischen Republik wird gemäß § 15 Abs. 3 des Staatsbürgerschaftsgesetzes mit der Aushändigung dieser Urkunde wirksam.

Berlin,

den 28.05.1984

Ausgehändigt am

3 0. Mai 1984

Urkunde über die Entlassung aus der Staatsbürgerschaft der DDR vom 28. Mai 1984

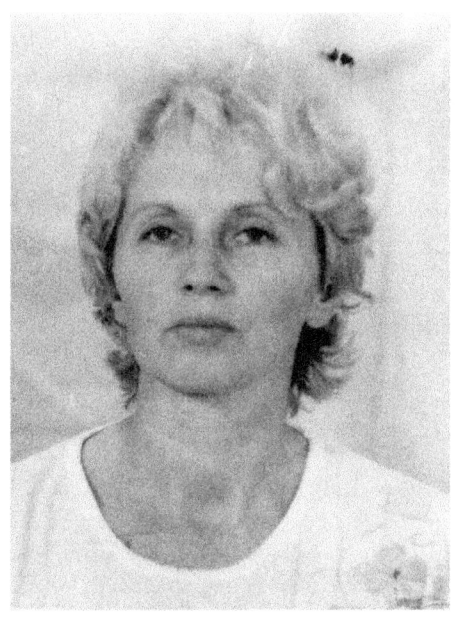
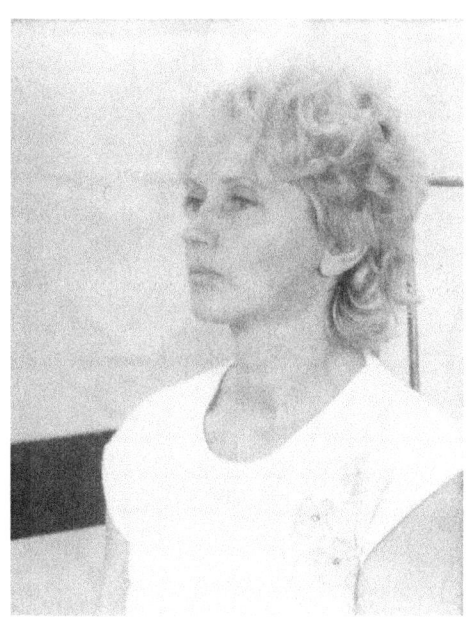

Im Stasigefängnis Lindenstraße Potsdam, August 1983

Abkürzungsverzeichnis

DDR – Deutsche Demokratische Republik
DEFA – Deutsche Film AG
DM – Deutsche Mark
DRK – Deutsches Rotes Kreuz
EOS – Erweiterte Oberschule
ESDA – VEB Strumpfkombinat (Erzgebirgische Spezialdamenstrümpfe Auerbach)
FDJ – Freie Deutsche Jugend
IM – Inoffizieller Mitarbeiter (des MfS)
GW – Gesundheitswesen
LPG – Landwirtschaftliche Produktionsgenossenschaft
MfS – Ministerium für Staatssicherheit (Stasi)
NVA – Nationale Volksarmee
POS – Polytechnische Oberschule
SED – Sozialistische Einheitspartei Deutschlands
U-Haft – Untersuchungshaft

»Beiträge zur Geschichtswissenschaft«, hrsg. von Ernst Piper

Daniel Bühler
Macht und Treue
Publius Ventidius: Eine römische Karriere zwischen Republik und Monarchie

Anhand der spärlichen Angaben in den Quellen rekonstruiert das Buch den erstaunlichen Lebenslauf des Ventidius, der als Anhänger des Proconsuls und Dictators Julius Caesar und des Triumvirs Marcus Antonius von seinen Gefolgsherren gefördert, von der privilegierten republikanischen Führungselite wegen seiner Herkunft aus einer unbekannten italischen Familie jedoch verachtet wurde.
ISBN 978-3-86906-044-6, 260 S., Paperback, € 29,–

Linda Lucia Damskis
Zerrissene Biografien
Jüdische Ärzte zwischen nationalsozialistischer Verfolgung, Emigration und Wiedergutmachung

Das NS-Regime raubte jüdischen Ärzten ihre berufliche, soziale und wirtschaftliche Existenz. Viele wurden Opfer der Deportation in die Vernichtungslager. Andere überlebten in der Emigration, wo sie unter höchst unterschiedlichen Bedingungen einen beruflichen Neuanfang suchten. Nur die wenigsten kehrten nach 1945 in die frühere Heimat zurück.

In exemplarischer Absicht rekonstruiert dieses Buch elf ausgewählte Lebensläufe jüdischer Ärztinnen und Ärzte aus Bayern.
ISBN 978-3-86906-053-8, 256 S., Paperback, € 14.90

Barbara Ellermeier
Neue Römer braucht das Land
Aktuelle Museumskonzeptionen zur Römerzeit in Rheinland-Pfalz

Seit der Renaissance werden römische Funde systematisch gesammelt und ausgestellt. Immer hat sich die Präsentation in ihren Formen und Themen der jeweiligen Zeit angepasst. Erstmals beschäftigt sich Barbara Ellermeier mit Tradition und Gegenwart solcher Museen. »Neue Römer braucht das Land« ist eine fundierte Analyse, wie sich die Römer-Ausstellungen im Spannungsfeld zwischen Angleichung und Alleinstellungsmerkmalen behaupten müssen, und zugleich ein kenntnisreicher Blick hinter die Kulissen des Museumsgeschäfts.
ISBN 978-3-86906-118-4, 492 S., Paperback, € 49,–

Tanja Hetzer
»Deutsche Stunde«
Volksgemeinschaft und Antisemitismus in der politischen Theologie bei Paul Althaus

1933 setzt Paul Althaus, der bedeutende theologische Autor, seine Unterschrift unter das antisemitische »Gutachten zum Arierparagraph« der Erlanger Universität. Wie kam der Systematiker, Neutestamentler und Lutherforscher, der beliebte akademische Lehrer und Prediger, zu einer solch dezidiert antisemitischen Äußerung? Tanja Maria Hetzers ideengeschichtliche Studie spannt einen Bogen, um diese Fragen zu beantworten.

ISBN 978-3-86520-328-1, 296 S., Paperback, € 28,–

Zwi Katz
Von den Ufern der Memel ins Ungewisse
Eine Jugend im Schatten des Holocaust

Mit dem Einmarsch der deutschen Wehrmacht in Litauen endet die Kindheit des 14-jährigen Zwi Katz abrupt: Die Nationalsozialisten internieren den aus einem liberalen jüdischen Elternhaus stammenden Jungen im Ghetto seiner Heimatstadt Kaunas. Von nun an schwebt er in ständiger Todesgefahr. In seinen persönlichen Aufzeichnungen lässt Zwi Katz die unbeschwerten Jugendjahre in Litauen wieder lebendig werden, aber auch die furchtbaren Jahre der Verfolgung.

ISBN 978-3-86906-074-3, 132 S., Paperback, € 14.90

Ralf Retter
Zwischen Protest und Propaganda
Die Zeitschrift »Junge Kirche« im Dritten Reich

Die »Junge Kirche« war die führende Zeitschrift der Bekennenden Kirche (BK) in der Zeit des Nationalsozialismus und von grundlegender Bedeutung für ihre Öffentlichkeitsarbeit. Welches Verhältnis nahm die »Junge Kirche« zum Nationalsozialismus ein und welche Rolle spielte sie innerhalb der evangelischen Publizistik und der Bekennenden Kirche? Kann sie wirklich als Sprachrohr der BK und als ein Organ des kirchlichen Widerstandes angesehen werden?

ISBN 978-3-86906-066-8, 388 S., Paperback, € 44,–

Alexander Koch
Der Häftlingsfreikauf
Eine deutsch-deutsche Beziehungsgeschichte

Ein wichtiges und von der Öffentlichkeit lange kaum wahrgenommenes Kapitel in der Geschichte der deutsch-deutschen Beziehungen war der Freikauf von politischen Häftlingen aus DDR-Gefängnissen durch die Bundesrepublik. Aus welchen Beweggründen und wie dieser Transfer stattfand und warum der Häftlingsfreikauf langfristig einen tiefgreifenden Einfluss auf die gesellschaftliche Entwicklung in der DDR hatte, das wird in dieser Studie mit großer Sachkenntnis und umfangreichem Quellenmaterial dargestellt.

ISBN 978-3-86906-635-6, 456 S., Paperback, € 39,–

Fjodor Ivanovič Čumakov
Krieg und Gefangenschaft (1941–1946)
Herausgegeben und mit einem Vorwort versehen von Florian Mildenberger
Die Gefangenschaft traumatisierte unzählige Soldaten im Zweiten Weltkrieg, nicht nur auf deutscher Seite. Insgesamt fünf Millionen sowjetische Soldaten gerieten in die Hand des deutschen Feindes. Mehr als zwei Drittel von ihnen starb in der Gefangenschaft. Fjodor Ivanovič Čumakov, selbst Gefangener in Deutschland, berichtet über seine Kriegserlebnisse: von den verheerenden sowjetischen Niederlagen 1941, über die Schlacht um Stalingrad bis zu seiner Gefangennahme.
ISBN 978-3-86906-055-2, 196 S., Paperback, € 18,90

Ernst Piper
Savonarola
Prophet der Diktatur Gottes
Girolamo Savonarola (1452-1498) übte als Bußprediger eine gewaltige Wirkung aus, die über den unmittelbaren Bereich der Kirche weit hinausreichte. Der Dominikanermönch aus Ferrara wurde zwischen 1494 und 1498, ohne selbst ein öffentliches Amt zu bekleiden, zur beherrschenden Figur in der Republik Florenz. Aufstieg und Fall des fundamentalistischen Reformators sind das Thema von Pipers Studie.
ISBN 978-3-86520-327-4, 156 S., Paperback, € 16,90

Willi Raab
Und neues Leben blüht aus den Ruinen
Stationen meines Lebens 1895-1939. Herausgegeben von Ernst Holthaus und Ernst Piper
1939 flüchtet der Mediziner Willi Raab vor den Nationalsozialisten aus seiner Heimatstadt Wien in die USA, wo er bald als Herzspezialist zu internationalem Ansehen gelangt. Schon ein Jahr zuvor hatte er begonnen, seine Lebenserinnerungen zu verfassen, die nun erstmals publiziert werden. Mit großer Beobachtungsgabe und feiner Ironie blickt Raab auf seine Kindheit im Wien der k. u. k.-Zeit und seine Studentenjahre in Wien und Prag zurück.
ISBN 978-3-86906-065-1, 300 S., Paperback, € 19,90

Ulrich Sachse
Cäsar in Sanssouci
Die Politik Friedrichs des Großen und die Antike
Ausgehend von einer Diskussion des friderizianischen Geschichtsverständnisses versucht das Buch, den Einfluss der Überlieferungen antiker Autoren auf die Politik- und Gesellschaftskonzepte Friedrichs des Großen herauszupräparieren. Dessen Gedankengänge zu verfassungs-, staats-, gesellschafts- und kulturpolitischen Problemstellungen werden nachgezeichnet und in ihrem Bezug zum politischen Geschehen seiner Zeit und zu den vielfältigen Denkspielen in der europäischen Gelehrtenwelt analysiert.
ISBN 978-3-86520-339-7, 300 S., Paperback, € 32.00